浙江文化艺术发展基金资助项目

杭州优秀传统文化丛书
Hangzhou Youxiu Chuantong Wenhua Congshu

一色千年

指尖 著

杭州出版社

图书在版编目（CIP）数据

一色千年 / 指尖著 . -- 杭州：杭州出版社，2022.8
（杭州优秀传统文化丛书）
ISBN 978-7-5565-1689-6

Ⅰ.①一… Ⅱ.①指… Ⅲ.①官窑—瓷器（考古）—研究—中国—南宋 Ⅳ.① K876.34

中国版本图书馆 CIP 数据核字（2022）第 009179 号

Yi Se Qiannian
一色千年
指　尖 / 著

责任编辑	夏斯斯
装帧设计	祁睿一　李轶军
美术编辑	祁睿一
责任校对	段伟文
责任印务	屈　皓
出版发行	杭州出版社（杭州西湖文化广场32号6楼）
	电话：0571-87997719　邮编：310014
	网址：www.hzcbs.com
排　版	浙江时代出版服务有限公司
印　刷	天津画中画印刷有限公司
经　销	新华书店
开　本	710 mm×1000 mm　1/16
印　张	15.5
字　数	190千
版 印 次	2022年8月第1版　2022年8月第1次印刷
书　号	ISBN 978-7-5565-1689-6
定　价	58.00元

（版权所有　侵权必究）

序 言

文化是城市最高和最终的价值

我们所居住的城市,不仅是人类文明的成果,也是人们日常生活的家园。各个时期的文化遗产像一部部史书,记录着城市的沧桑岁月。唯有保留下这些具有特殊意义的文化遗产,才能使我们今后的文化创造具有不间断的基础支撑,也才能使我们今天和未来的生活更美好。

对于中华文明的认知,我们还处在一个不断提升认识的过程中。

过去,人们把中华文化理解成"黄河文化""黄土地文化"。随着考古新发现和学界对中华文明起源研究的深入,人们发现,除了黄河文化之外,长江文化也是中华文化的重要源头。杭州是中国七大古都之一,也是七大古都中最南方的历史文化名城。杭州历时四年,出版一套"杭州优秀传统文化丛书",挖掘和传播位于长江流域、中国最南方的古都文化经典,这是弘扬中华优秀传统文化的善举。通过图书这一载体,人们能够静静地品味古代流传下来的丰富文化,完善自己对山水、遗迹、书画、辞章、工艺、风俗、名人等文化类型的认知。读过相关的书后,再走进博物馆或观赏文化景观,看到的历史遗存,将是另一番面貌。

过去一直有人在质疑，中国只有三千年文明，何谈五千年文明史？事实上，我们的考古学家和历史学者一直在努力，不断发掘的有如满天星斗般的考古成果，实证了五千年文明。从东北的辽河流域到黄河、长江流域，特别是杭州良渚古城遗址以距今5300—4300年的历史，以夯土高台、合围城墙以及规模宏大的水利工程等史前遗迹的发现，系统实证了古国的概念和文明的诞生，使世人确信：这里是古代国家的起源，是重要的文明发祥地。我以前从来不发微博，发的第一篇微博，就是关于良渚古城遗址的内容，喜获很高的关注度。

我一直关注各地对文化遗产的保护情况。第一次去良渚遗址时，当时正在开展考古遗址保护规划的制订，遇到的最大难题是遗址区域内有很多乡镇企业和临时建筑，环境保护问题十分突出。后来再去良渚遗址，让我感到一次次震撼：那些"压"在遗址上面的单位和建筑物相继被迁移和清理，良渚遗址成为一座国家级考古遗址公园，成为让参观者流连忘返的地方，把深埋在地下的考古遗址用生动形象的"语言"展示出来，成为让普通观众能够看懂、让青少年学生也能喜欢上的中华文明圣地。当年杭州提出西湖申报世界文化遗产时，我认为这是一项需要付出极大努力才能完成的任务。西湖位于蓬勃发展的大城市核心区域，西湖的特色是"三面云山一面城"，三面云山内不能出现任何侵害西湖文化景观的新建筑，做得到吗？十年申遗路，杭州市付出了极大的努力，今天无论是漫步苏堤、白堤，还是荡舟西湖里，都看不到任何一座不和谐的建筑，杭州做到了，西湖成功了。伴随着西湖申报世界文化遗产，杭州城市发展也坚定不移地从"西湖时代"迈向了"钱塘江时代"，气势磅礴地建起了杭州新城。

从文化景观到历史街区，从文物古迹到地方民居，众多文化遗产都是形成一座城市记忆的历史物证，也是一座城市文化价值的体现。杭州为了把地方传统文化这个大概念，变成一个社会民众易于掌握的清晰认识，将这套丛书概括为城史文化、山水文化、遗迹文化、辞章文化、艺术文化、工艺文化、风俗文化、起居文化、名人文化和思想文化十个系列。尽管这种概括还有可以探讨的地方，但也可以看作是一种务实之举，使市民百姓对地域文化的理解，有一个清晰完整、好读好记的载体。

传统文化和文化传统不是一个概念。传统文化背后蕴含的那些精神价值，才是文化传统。文化传统需要经过学者的研究提炼，将具有传承意义的传统文化提炼成文化传统。杭州与丛书作者在创作方面作了种种古为今用、古今观照的探讨交流，还专门增加了"思想文化系列"，从杭州古代的商业理念、中医思想、教育观念、科技精神等方面，集中挖掘提炼产生于杭州古城历史中灵魂性的文化精粹。这样的安排，是对传统文化内容把握和传播方式的理性思考。

继承传统文化，有一个继承什么和怎样继承的问题。传统文化是百年乃至千年以前的历史遗存，这些遗存的价值，有的已经被现代社会抛弃，也有的需要在新的历史条件下适当转化，唯有把传统文化中这些永恒的基本价值继承下来，才能构成当代社会的文化基石和精神营养。这套丛书定位在"优秀传统文化"上，显然是注意到了这个问题的重要性。在尊重作者写作风格、梳理和讲好"杭州故事"的同时，通过系列专家组、文艺评论组、综合评审组和编辑部、编委会多层面研读，和作者虚心交流，努力去粗取精，古为今用，这种对文化建设工作的敬畏和温情，值得推崇。

人民群众才是传统文化的真正主人。百年以来，中华传统文化受到过几次大的冲击。弘扬优秀传统文化，需要文化人士投身其中，但唯有让大众乐于接受传统文化，文化人士的所有努力才有最终价值。有人说我爱讲"段子"，其实我是在讲故事，希望用生动的语言争取听众。今天我们更重要的使命，是把历史文化前世今生的故事讲给大家听，告诉人们古代文化与现实生活的关系。这套丛书为了达到"轻阅读、易传播"的效果，一改以文史专家为主作为写作团队的习惯做法，邀请省内外作家担任主创团队，组织文史专家、文艺评论家协助把关建言，用历史故事带出传统文化，以细腻的对话和情节蕴含文化传统，辅以音视频等其他传播方式，不失为让传统文化走进千家万户的有益尝试。

中华文化是建立于不同区域文化特质基础之上的。作为中国的文化古都，杭州文化传统中有很多中华文化的典型特征，例如，中国人的自然观主张"天人合一"，相信"人与天地万物为一体"。在古代杭州老百姓的认知里，由于生活在自然天成的山水美景中，由于风调雨顺带来了富庶江南，勤于劳作又使杭州人得以"有闲"，人们较早对自然生态有了独特的敬畏和珍爱的态度。他们爱惜自然之力，善于农作物轮作，注意让生产资料休养生息；珍惜生态之力，精于探索自然天成的生活方式，在烹饪、茶饮、中医、养生等方面做到了天人相通；怜惜劳作之力，长于边劳动，边休闲娱乐和进行民俗、艺术创作，做到生产和生活的和谐统一。如果说"天人合一"是古代思想家们的哲学信仰，那么"亲近山水，讲求品赏"，应该是古代杭州人的生动实践，并成为影响后世的生活理念。

再如，中华文化的另一个特点是不远征、不排外，这体现了它的包容性。儒学对佛学的包容态度也说明了这一点，对来自远方的思想能够宽容接纳。在我们国家的东西南北甚至是偏远地区，老百姓的好客和包容也司空见惯，对异风异俗有一种欣赏的态度。杭州自古以来气候温润、山水秀美的自然条件，以及交通便利、商贾云集的经济优势，使其成为一个人口流动频繁的城市。历史上经历的"永嘉之乱，衣冠南渡"，"安史之乱，流民南移"，特别是"靖康之变，宋廷南迁"，这三次北方人口大迁移，使杭州人对外来文化的包容度较高。自古以来，吴越文化、南宋文化和北方移民文化的浸润，特别是唐宋以后各地商人、各大商帮在杭州的聚集和活动，给杭州商业文化的发展提供了丰富营养，使杭州人既留恋杭州的好山好水，又能用一种相对超脱的眼光，关注和包容家乡之外的社会万象。这种古都文化，也代表了中华文化的包容性特征。

城市文化保护与城市对外开放并不矛盾，反而相辅相成。古今中外的城市，凡是能够吸引人们关注的，都得益于与其他文化的碰撞和交流。现代城市要在对外交往的发展中，进行长期和持久的文化再造，并在再造中创造新的文化。杭州这套丛书，在尽数杭州各色传统文化经典时，有心安排了"古代杭州与国内城市的交往""古代杭州和国外城市的交往"两个选题，一个自古开放的城市形象，就在其中。

"杭州优秀传统文化丛书"团队在传统和现代的结合上，想了很多办法，做了很多努力。传统文化丛书要得到广大读者接受，不是件简单的事。我们已经走在现代化的路上，传统和现代的融合，不容易做好，需要扎扎实实地做，也需要非凡的创造力。因为，文化是城市功能的最高价值，也是城市功能的最终价值。从"功能城市"走向"文化城市"，就是这种质的飞跃的核心理念与终极目标。

2020年9月

（单霁翔，中国文物学会会长）

湖山春晓图（局部）

目　录

第一章
王朝南迁，官窑出世

002　南迁的王朝

008　敕建修内司官窑

013　官窑瓷器横空出世

019　南郊祀天

第二章
一抹天青色，半壁山河破

024　少年窑工李荣

030　水仙花盆的前世今生

035　后宫斗茶

040　从修内司到郊坛下

第三章
泥土里进出的光芒

048　鸭形熏炉和太子

054　泥土里进出的光芒

059　皇宫失窃案

067　梅子釉粉盒和天青釉春瓶

073　破碎山河里的一壶春色

第四章
日落之时的祈祷

080　郊祀前奏

084　荷叶汤盅的风波

090　兽耳觥的魔魅

093　南宋朝廷的瓷艺创新

097　倾覆的祭典

104　滑落的莲瓣茶盏

110　镂空的皇族亲情

第五章
风雨中觅渡

118 兰儿临安扫阁之遇

125 嘉王府粉青釉盘的宿命

131 泰安宫的镂孔套瓶

137 赵扩子夜赏昙花

145 乌龟山二小说瓷

152 丹药瓶里的寄愿

第六章
暖风中的繁华幻境

160 梦魇般的遗物

166 双耳尊和鼎式炉

172 寿庆节上的琮式瓶

178 蟋蟀宰相那些事

184 砚滴的心事

192	南鸟唐安安
199	赵昀的噩梦

第七章
青瓷王朝的粉碎

206	四月初九乾会节
211	魂归永福寺
217	通灵大宝
222	消亡或永生
230	参考文献

第一章 王朝南迁，官窑出世

南迁的王朝

有人说，大宋王朝是受一柄神秘司南的指引，才一路迁抵南方的。

靠着船舱的年轻人，嘴角轻轻扯动一下，笑容中露出隐约愁绪和如许无奈。一群鸥鸟在海面翱翔，一些快乐地高飞低走，另一些似乎疲惫了，零零星星伫停在桅杆上，不断召唤空阔水面上徘徊不定的同伴。

他的手中，紧紧攥着一件满是血沁的汉代司南佩，仿佛握着满满一把鲜血。这件司南形玉佩是父皇的遗物，用上等和田玉籽料做成。它略弧凸，中厚侧薄，三脊为纽，两个长方形饰上，双侧微凹，缺口相隔，内收呈圆撇形的凸榫。此刻，他才明白父皇将这件司南佩送给自己的深意，他肯定希冀自己作为一国之君，应该牢牢把控好整个国家的正确走向，不敢有失公允。想到这里，他越发紧张，双手冒汗，司南佩里的血沁更鲜活涌动了起来。

倘不是中原失守，无路可走，无处可去，自己会带着一国中央政权的臣僚们，以南巡为名，退避金国的追兵，一路颠沛流离，最终漂流在这茫茫东海上吗？倘不是大宋危亡，都城被占，父母兄长妻妾均被金国所虏，受尽屈辱，苟活于世，那他，作为父亲的皇九子，在漫长的一生中，还会有承担宋朝皇家余脉的机会，即位掌管国家命运吗？当然，这两个疑问他是永远也不会说出口的，它们更像他的秘密或者痼疾，藏在心里最隐秘处。而在一些场合，他还会附和宰辅，声称这次朝廷南巡是来自一柄神秘司南的指向，这个从战国以来就在中原风行的古老占卜工具，千百年来，数以亿万次的事件决策，任凭它来预测和决断，真可谓一柄定乾坤。北宋时，司南已然成为船只航行必不可少的工具。"舟师识地理，夜则观星，昼则观日，阴晦观指南针"，这里的指南针便是司南。而现在，这柄小小的司南，却承担起了指引大宋王朝国之所向的重任。

想到这里，他不禁长长地叹了口气。

此时，是南宋建炎四年（1130）的正月。东海之上，汪洋中漂浮着数艘大型轮船，它们像水中的浮萍，被海风摧残，无根飘落。这数艘船，就是南宋的整个朝廷，而这个年轻人，不是别人，正是王朝最高核心人物——赵构。

面对金国的拒绝求和，继续谋划南侵，兵分两路，一路进攻湖北黄州，另一路直指太湖流域的形势，朝臣们绞尽脑汁才谋划出应对之策，派江州刘光世负责长江防线，并任命杜充为宰相，守御江淮，镇守建康。赵构带着一国重臣，从建康仓皇退回杭州。

令赵构心寒的是，这两个人并没有像想象中那样，竭尽全力守卫疆土。刘光世终日饮酒，敌军入侵都毫无察觉，导致金兵一路扫荡了江西和湖南。而杜充更为失职，当金兵渡江，他竟然带领三千军马立刻投降。

赵构不得不加长逃亡路程，加快逃跑速度，全然失却皇家体面。白天的仓皇之旅结束，夜里，他在瑟瑟的寒风中，一遍一遍地苦苦自问：自己待杜充不薄，将他从平民百姓提拔为一朝宰相，他为什么要投降呢？这样位高权重且受过厚重皇恩的人都不能信任，满朝文武，又有谁可信呢？

他有时也会后悔当初的决定。是啊，这个皇位只能说是侥幸得来的，近支亲王都被金人抓走，大宋皇位之下只剩他一人，近在咫尺啊，却也如烫手山芋。他没有任何合法的理由接管王朝，既非嫡长子，亦无父兄圣意，一旦登基称帝，那么就将像手中的司南佩，得承担起整个国家的命运，也将接受金国的刁难、凌辱，乃至杀戮。事实证明，自己的设想完全正确，虽然有一干臣僚辅佐，但他们各有盘算：主战派期待有朝一日，重回中原；主和派则恰恰相反，他们更愿意将国土拱手相让，偏安一隅，平安度过余生。其实，赵构是矛盾的，没有人不怀念故国之地给予自己的养育恩情。但他每每想到自己仓促登基之后的流亡之路，就觉得北定中原更像一场梦，美如泡影。而真实的自己，为保全朝廷门面和自己性命，却在陌生的江南狼狈往返。

他常常想起自己的登基大典，那是一次多么敷衍的典礼啊。南京应天府（今河南商丘）的五月，骄阳似火，他大汗淋漓地走上皇位，来自暗处的彻骨深寒正在侵袭着他。那些汗水，是从他骨头里渗出来的，而非烈日赐予。没有郊外设坛，没有告祭礼，也就是说，没有来自天神和先祖的祝福和允许，他孤零零地独立在风中。

其后的日月，他试图通过一些正当的理由，举行一次像样的敬神仪式：一来，弥补当初登基的缺陷；二来，也使自己真正面对神仙先祖，让他们真切地聆听自己心底虔诚的声音，以求得护佑。但因南巡途中所带器物的制约，每次简陋的仪礼均让他尴尬而心酸。他想念父皇时代的繁荣和奢靡，想念全程参与典礼的无数青铜祭器所散发出来的幽暗光泽，想念器物残留在空气中的袅袅仙气。有段时间，金军追迫放松，赵构和他的臣僚们得以喘息，他觉得这是上天和历代高祖显灵了，于是召集臣僚，准备举行一次祭天仪式，并要求他们各自献出自家祭器，来应对这次天祭。但鼎、鬲、簋、簠、豆等食器，觚、觯、斝、罍等酒器，盘、匜、鉴等水器，这些形质稍大的器物一样都没有，更莫说乐器了。愿望中的祭天之器，玉玺、仪仗、天下州府图、乐器、书籍和皇宫珍宝古器，永远地远离了大宋土地。也就是说，所有旧日以宋面目与天神和高祖交涉的器物，之后，都将不复存在。面前只有玉器和陶器，小的、薄的、脆的……赵构长跪不起，他的头脸，跟南方的湿土碰触，他的热泪，缓慢而持久地融进了异乡大地。那一刻，他心里发誓，一定要力挽狂澜，让大宋江山重新燃放出经久不息的荣光。

当大宋王朝的第一道防线轻易失手，可想而知金兵有多么高兴啊。金国领兵大帅完颜宗弼更是居功自傲，大放厥词，在军中广散谣言，誓擒赵构，不达目的不罢休。就这样，赵构从建康到杭州，又从杭州到越州、明州，一路仓皇不迭，一路忧心忡忡，却始终不曾摆脱金军的追赶。看着臣僚们疲惫不堪、衣冠不整的样子，赵构觉得这样下去不是长久之事，于是召集朝会，集思广益。大多人都苦无良策，只有宰相吕颐浩流着两行泪，战战兢兢地上奏：官家，东海阔大无边，要不，我们驾船出海，在海面生活，或许可以躲过追杀？

甫一入海，白天躲避，夜里潜逃，兜兜转转，四个月过去了。赵构和他的臣僚们谁也不知道，要在这枯寂、绝望的东海之上漂泊多久。好在，近日金军由于不适应南国气候，不习水战，又遇上大风雨，不得不停止追击。

赵构的小朝廷暂时转危为安，但也不敢松懈。南宋王朝的船队依旧漂荡在台州到温州的海面上，等待机会上岸。无论是皇上，还是宰相臣僚、将军士兵，不得不渐渐适应艰苦的海上生活：食物没有了，打鱼度日；物资没有了，苦熬时日。有段时间，整个船队只剩下了一双毡鞋，所有人都穿着无法御寒的草鞋站在寒风里。赵构强忍热泪，在人们的哀求下，将那双鞋穿在了脚上。

"启奏官家！"一声高呼惊醒倚着船轩深思的赵构，但见宰相吕颐浩慌张张进来，大约是忘了船舱的高度，竟然一头撞到舱门上方，也顾不得疼痛，小跑着跨下木阶，"启奏官家，发现金军靠近！"

"多少只船？"

"两艘战船。"

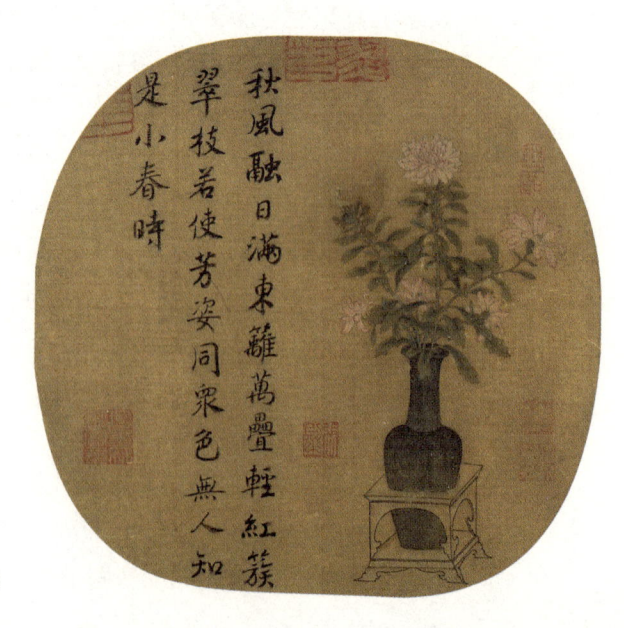

〔宋〕姚月华
《胆瓶花卉图》

赵构的脸渐渐阴沉下来。能有什么法子呢？凭着这些面黄肌瘦、有气无力的士兵，怕是难以抵抗，只能加快船速，躲避敌军。于是，他下令船队加速前进。

可是，两艘大船的速度竟如有神助，很快就要赶上来了。

这时，士兵中有人高喊："不是金军，看起来像商船！"

这是两艘贩卖橘子的船。众人紧张的情绪顿时放松，扔下弓箭，不禁欢呼雀跃起来。赵构心口一松，下令将两船陈橘全部买下，犒赏臣僚和士兵。饥饿的群臣吃得津津有味，金黄泛红的橘皮，像一个小小的灯笼。赵构突然觉得，这或许是个好兆头，他望着天上一轮圆月："这是元夕之月，是天的眼睛啊，要让它看见我的危难和困厄。"于是，他命令士兵将油灌进橘子皮里，做成一个个小橘灯，浮在海面，随水漂流。

那一夜，整个海面布满了灯光，跟天上的星光互相辉映。

在灯光与星光之间，赵构看见了一个王朝忽隐忽现的光芒。

敕建修内司官窑

恢复中原、王师北定的梦想被打破后,临安,成为接纳和拥抱赵宋王朝的温情之乡。

凤凰山行宫内,稀稀几座新建的宫殿,支撑着虚弱的南宋王朝。月下花园,有两人正在缓缓地散步,他们身边开满了各色各样的鲜花,结香、西府海棠、含笑、棣棠、琼花、丁香、茉莉……两个人沿着小路,穿梭在花中,有人举着灯笼,前后照应,灯笼照着他们衣服上的金丝绣线。那一刻,他们也像两朵正在绽开的花。

"可惜,我身上是龙涎香,而不是茉莉香。"

说话的人是一个剑眉星目的女子,虽然身形婀娜,但气质中大有男儿的洒脱。她不是别人,正是当今皇上赵构的吴贵妃。就是这个女人,逃离金人魔爪,一路追随赵构,以侍妾和护卫的身份,头戴铁盔,身穿铠甲,腰挎宝剑,在海上日夜不离地陪伴着他。

"那是不是跟茉莉睡一夜,就有了茉莉香呢?"赵构揶揄道,深深地朝贵妃嗅了一口,"我倒是闻到了白鱼的味道。"

吴贵妃便捂嘴笑了。

胆战心惊的日子虽然早已远离，而残留在他们心里的痛意和恐惧却久久不散。都说患难见真情，赵构之所以喜欢她，一方面是觉得她有别于其他嫔妃，勇敢大气，贤良吃苦；还有一方面，是长久的陪伴，让他对她有一种说不出来的依赖和信任。白鱼，其实是发生在船上的一件事情。那天，刚刚逃离追兵，赵构惊魂不定，正待喘息之际，一条白鱼突然从水中一跃而起，溅起了数丈水花，吓得他不自觉地将手压在胸前。谁料，随着水花回落，那条白鱼竟从半空中啪的一声落在赵构面前，带着腥味的水沫溅在他身上，他禁不住大叫一声。那是一条体形壮硕的白鱼，鱼鳃一鼓一鼓的，在船板上挣扎着。当日不过侍妾身份的吴氏拉住赵构的手，笑逐颜开："官家，这是周人白鱼之祥啊！"一句话，仿佛天风荡涤，乌云即散，赵构恍然觉得前程在望——武王渡河伐商时，白鱼入船，武王以此祭天，后又得火化红鸟，最终夺得天下，建立八百年基业。今日白鱼入船，正巧契合了当日武王之历，可不是大好兆头吗？于是，赵构下令用白鱼祭天。也就是那一次，吴氏被封为义郡夫人，以后，她被封为才人，又从婉仪晋升为贵妃，侍寝之时，赵构就喊她为白鱼。

贵妃便嗔笑道："官家，现在可不是说笑的时候。"

往事历历在目，赵构心里虽隐隐不安，但还是哈哈大笑起来。笑声在花园里回荡，竟惊起一只藏在花丛中的夜鸟，在那里扑棱个不停。

绍兴十三年（1143）春天的夜空，深邃辽远，繁星璀璨。南宋皇帝赵构从建康返回，正式定都临安已经好几年了。为安抚抗战派激奋的心情，坐断东南半壁江山不忘北归，朝廷将杭州改称临安，即为行在之意。但赵构知道，回北方的可能性极其渺茫，他眼下急需完成几件事：一是延续父朝时的内窑制度，解决祭祀所需的大量礼器，尽早恢复郊祭天地之礼；二是册封皇后，以安定后宫；三是寻访名医，治疗身体。当年赵构在逃亡途中，从北到南，风餐露宿，颠沛流离，身体严重受损，特别是经受兵变之吓后，性能力已彻底丧失。当然，最后这件事，他是不能拿到朝堂上跟臣僚们商议的，只能私下里让贴己的人去寻访名医。

一夜无话。

第二天，天空晴朗，万里无云。

朝会上，自然有奏章是关于前两件事的。册封皇后相对要简单得多，皇后人选，赵构早已拟定——他的发妻已亡故，那么跟随他出生入死、胆大心细、忠心侍主、温婉淑德的吴贵妃，是皇后的不二人选。众臣附议，着日册封吴氏为后，母仪天下。

相对来说，建立内窑之事就复杂得多。之前，朝廷曾于绍兴四年（1134）令余姚等地烧制明堂大礼所用祭器，主要是簠、簋、尊、杓、登等。当时，朝廷所用器物多出自余姚县、平江府等地，但渡江后所做的礼器，由于时间仓促，各个窑口没有确凿的参考图样，烧制的祭器大多在形制上不符合朝廷祭祀礼器的古样。这令赵构特别不满，老觉得在大礼中使用这些带有敷衍性质的祭器，会引来天地大神的惩罚。那年在扬州设立郊坛祭祀，他也命令东京留守司搜访郊庙礼器供朝廷征用，但效果不甚可意。现在，随着朝廷渐渐安定，一切都有序向好，重新恢复天地祭礼大典，烧制明堂祭奠礼器这件事，急需提上议事日程。

第一章 王朝南迁，官窑出世

窑址发掘前现场

这时，掌管宗庙陵寝祭祀、礼乐仪制、天文术数的礼部，将刚刚绘制的《宣和博古图》草样呈上，赵构翻看完毕，沉吟道："三代礼器皆有义，后世非特制作不精，且失其意，朕虽艰难，亦欲改作，渐令复古。"

一时，众臣为皇帝对祭祀礼器的考订和慎重态度所折服，纷纷进言。一个提议恢复礼器局，专门负责内窑烧制事宜；另一个说可在全国范围内招揽能工巧匠，最好能启用从北方追随而来的官窑工匠。还有人说，太庙、太社、太稷坛等相关祭祀场所的修缮也需提到日程上来。一时，大家谈心浓郁，热火朝天。面前这一情形，令赵构对眼前这些人产生疑惑：难道他们真是跟随自己经过了十多年颠沛流离、每日惊心度日的那些朝臣？

之后的朝会上，除去确定恢复冬至郊坛祭祀外，建造内窑成为最重要的议题，臣僚们积极献计献策，赵构颇为感慨。此项工作开展得也极为顺利，最终下旨："祭器应用铜、玉者权以陶、木，卤簿应用文绣者，皆以缬代之。"明确提出铜、玉材质的礼器用陶瓷器、木器代替，"卤簿"（古代帝王出驾时，扈从的仪仗队的旗帜等）的制作也由简单的布匹代替华丽锦布。

四月，礼部太常寺修订的《宣和博古图》定稿。随后，经过多方选址，朝廷将内窑地址定位在皇城西北老虎洞。这里林木茂盛，燃料资源丰富，具备瓷器生产的条件。

赵构听到这一消息，心下颇为安慰。

靠在榻上，纷纷思绪中，他仿佛又回到了汴京故国。他的车辇跟随父亲，走过汴京的街道，路过庙宇和桥梁，在南郊停下。他看到旧臣们一张张情绪饱满的脸，看见父亲走上祭坛，点燃了第一炷香，向着天地，躬身下拜。他看见身边那些散发着幽光，庄重、古意的青铜，看到燃烧的烛光，乃至感受了凉凉的雪意。

直到他睁开眼，才发现原来自己是做梦了。吴皇后正在他面前，替他擦去额上的微汗。

"既是内窑，它承担着修正皇朝内部制度和规矩的责任，也将让南方帝国焕发出富庶长久的光彩。皇后，你说'修内司窑'这个名称如何？"

皇后含笑称道。

内窑是南宋皇朝第一座名副其实的官窑，它被皇室和民众寄予无限的厚望和重托。它的建立，既安抚了南宋王朝摇摇欲坠的国运，也让整个南宋皇室及臣僚对未来生出无限希望。

官窑瓷器横空出世

一早,喜鹊就在窗外叽叽喳喳把屋内的人喊醒。床上的人翻了个身,嘟囔了几句。幔帐外的宫人已经开始准备皇上起床需要的用品。她们虽然蹑手蹑脚,但衣衫与衣衫之间摩擦发出的细微的声响,还是遁入床上人的耳内。

此时,床上的赵构想起几年前自己逃到杭州,暂居凤凰山的那段时间。那时,居高临下的凤凰山上不只树木葱郁,而且众鸟喧哗。一到晚上,数以万计的乌鸦黑压压地从远处的湖山返回凤凰山林中,整个晚上,它们高亢嘶哑的叫声让人揪心。在赵构耳中,这是世上最难听的声音,带着危险和不祥,仿佛海面波涛汹涌,金兵追击而来,吓得他胆战心惊,一夜一夜无法成眠。于是,他命内臣张去为带领卫士和太监,日夜用弹弓驱赶乌鸦,经过近一个月,才将乌鸦赶到临平赤岸。但没过多久,乌鸦重归老巢。力有不逮,赵构和他的赶鸟队束手无策,只能让这些乌鸦来来往往,而它们所携带的令人不安的声音也一直响彻凤凰山。几年后,赵构重回临安,凤凰山的乌鸦声已经无法影响到他了,因为每个夜晚,对于赵构来说,都是漫长而难熬的。过去的年月残留下来的惊恐和骇怕,已根深蒂固地刻在他的皮肉和骨头里,也让他消失了对睡眠的依恋和热爱。夜晚来临，他极其低调，很少饮酒斗茶，除去喝一点牛乳，他也会令人点燃金颜香，让自己能睡一个好觉，但所有方法，似乎于他来说都是一个笑话。当然，只有当他在噩梦中大喊大叫之时，身边的人才知道，原来睡眠对于他是如此痛苦的一件事。年长日久，身边人渐渐习惯了他的辗转反侧、唉声叹气，以及噩梦和惊叫，他也不再去跟臣僚们去说一些睡眠话题，这件事也就变得不那么重要了。或许他们会说，皇上日理万机，胸怀乾坤，睡眠自然轻浅。

喜鹊还在窗外叫，他打了个哈欠。

一个宫人探身在幔帐外："官家有什么吩咐吗？"

"今天可是初八？"

"是，官家。"

床上的赵构一蹬腿，跳下来："快，伺候朕穿衣吃饭，今天是修内司开窑日。"

在离皇宫不远的修内司窑窑场里，师傅和窑工们已急不可耐地在等待皇上的驾临。他们之中，既有来自越州、余姚、平江府等地的技工，以及南迁到此的定窑的师傅，也有来自汝窑和龙泉窑的工匠。他们在借鉴余姚、平江等地烧制工艺和技巧的基础上，对临安的土质和水质进行了反复试验和判断，用风化程度较高的瓷石制胎，在提高瓷胎精细程度的同时，加入紫金土，大大增加了瓷胎的抗变形能力。无论是初时的制坯，还是上釉烧制等阶段，他们都极为小心，既有惶恐，又有盼望。当窑火点燃，青色烟雾缓缓升腾在窑场上空，湿泥呛人的味道让他们的期待变得越来越急迫，直到窑场的天空，重

第一章 王朝南迁，官窑出世

南宋官窑琮式瓶　大英博物馆藏

回蓝天白云。

此刻，整个瓷窑悠然安静，像一条酣睡的巨龙。他们像附着在龙身上的鸟雀，不着一言，静候着远处即将响起的车辇声。

事实上，当赵构从御辇上下来，踩着石阶信步走到这条睡龙身边时，他的心情并不比这些窑工们轻松。倒是宰相秦桧看起来比较放松，乃至跟赵构耳语了几句后，赵构紧绷的面孔松懈下来，竟然有了微微笑意。

他轻松地说："开。"

尊、瓶、罐、炉、壶、盘、碗、碟、盏、杯、盂、洗……林林总总出现在眼前，除去爵的形制和三代（夏商周）青铜彝器的造型基本吻合外，其余豆、簋、尊、罄等均用盘、碗、罐、洗、瓶、炉诸器替代，这些祭器带着淡雅而雍容的光芒，闪烁在君臣面前。它们已然褪去入窑时的艰涩和冰冷，仿佛在泥土中等了好久好久，当终于可以见到自己的主人时，乍然欢喜，容光焕发。一眼看上去，它们跟汝窑近似，满釉裹足，紫口铁足，形制简洁，流畅、古朴、敦厚，釉色清淡，光亮匀净，优雅、静谧。细看，这些器皿是略带粉青色的单色釉，跟汝窑的天青釉还是有一定差异的。

突然，有人问："这是烧坏了吗？"

一时，众人才细瞧，这些瓷器浓淡不一，有微微发灰的青色，有微微发黄的青色，还有炒米黄色。更让人惊奇的是，器身隐隐约约有不规整的开片，但触手却光滑凝润。也就是说，这些裂纹发生在瓷体之中。有烧制经验的窑工瞬间脸色发青，双膝着地，胆战心惊地等待着发落。这裂纹，是由于胎、釉不匀，烧制时膨胀不一所产生的釉层裂纹。

空气凝固成一团冰云，谁也不知如何缓和。

赵构哈哈大笑道："前朝汝瓷，色淡天青，也称'鸭蛋壳青色'，其釉层薄，随造型转折变化，浓淡不拘，其有开裂纹片，多为错落细纹，如蝉似翼，多梨皮、蟹爪、芝麻花式样。而今我朝内窑瓷，色泽粉青、淡灰、青绿、米黄，更有如冰类玉的趋势。纹路明显较汝窑深、密，如鹰爪，有大有小，如文似武，疏密不同，深浅各异。这点上，倒是独具匠心，叫人惊喜。"

人们再低头时，发现这些瓷器并未因布满裂纹而影响了美观；相反，这些隐约的裂痕就像天然的花瓣和纹路，让它们更显得沉稳而雅致。

赵构一眼看到了一尊瓷觚，特别醒目，命人拣出来，捧在手上。这是一尊造型端庄、釉色莹润、胎体厚重的觚，圈足，敞口，长身，口部和底部都呈现为喇叭状，体态修长，但又有恰到好处的丰满，釉色淡青，明澈、温润、淡雅，但它显然有别于北宋官窑、汝窑、钧窑、定窑等窑口的瓷器。它最迷人也最具特点处，是整个容器上布满不规整的开片，仿佛整个瓷觚上贴了一层细细的牛毛。

隔了两天，赵构发现瓷觚较之前发生了细微的变化：首先是釉层更莹澈，釉色变成粉青，触手如脂似玉；而觚身则多了许多又细又短的新的开片，像蟹爪，也像鱼子，看起来是那么雅致美好。自此以后，修内司窑烧制出来的瓷器，开片纹深浅不一，多是小开片纹路呈浅黄，大开片纹路呈褐黑，成为有别于其他窑口瓷器的显著特点。而后世历朝的人们将这些开片，根据纹路、形状、深浅粗细、疏密和颜色等特征加以命名，出现了蟹爪纹、牛毛纹、网状纹、鱼子纹、冰裂纹、鱼鳞纹、百圾碎和金丝铁线等诸多雅称。

国有大礼，器用宜称。一鼓作气，修内司步入紧张有序的烧制礼器时间，却显然面临一个极大的难题。首先，之前皇家礼器，多青铜、玉等，如果逐一按原型原貌来复制，基本不可能。但作为替代铜和玉器的青瓷祭祀用品，在造型、规格上，又不能随心所欲，必须严格按三代礼器的形制制作。礼器局的官员跟内窑的工匠夜以继日地进行试验，从器物成型，到上釉，再到烧制，无数次地推倒重来，无数次地想方设法，终于成功。

在其后几年间，修内司官窑经过独具匠心的大胆尝试，为南宋王朝早期的兴旺，烧制了一批祭祀用的精美瓷器，主要有各式仿商周秦汉青铜器和玉器的陈设瓷器，如贯耳穿带弦纹壶、贯耳穿带方壶、鹅颈瓶、琮式瓶、纸槌瓶、鬲式炉、弦纹三足炉、螭耳弦纹炉、贯耳觚、尊、花插等，还有日用的各式洗、盘、碟、碗及杯等。在工艺上，继承了北宋汴京官窑、河南汝窑等北方名窑瓷器的特点，合于天造，厌于人意，造型古朴刚劲，釉质浑厚；又吸收了南方越窑、龙泉窑等名窑的烧造技术，薄胎厚釉，釉色典雅玉润，风姿绰约。官窑瓷器的横空出世，进一步将宋朝独特的审美发扬光大，也预示着这个王朝的胸襟以及对崛起的热望。

南郊祀天

第一章　王朝南迁，官窑出世

雪驻半日。丑时一刻，南郊祭坛的祀天仪式正式开始。

大晟乐悠然响起，在清脆的钟鼓声中，男性舞者跳起了雄武而壮美的舞蹈。

这不是赵构初次担任亚献。在汴京，他也曾数次参与朝廷的南郊祭天仪式，那时，担任亚献的是父亲宋徽宗或者兄长宋钦宗。按说，作为皇帝的儿子，担任亚献是稀松平常的事，但赵构作为皇上的第九个儿子，这个机会却极其渺茫。他只是一个小小的康王，不可避免地在这些重要仪式当中出现而已。母亲曾多次告诫他，远离宫廷和皇兄们的争斗，时刻警惕被人陷害，要强身健体，好好活着。为此，他从不参与皇宫内部的派系争斗，在康王府"读书日诵千余言，挽弓至一石五斗"，但就因他善骑射，也曾成为朝廷的炮灰。皇兄初登皇位之时，答应金人议和中那条"以宰相和亲王为人质"的苛刻条件，将赵构和张邦昌派往金国为人质。临行前，宋钦宗曾安抚他说，康王能文善武，到金国后，若遇不测，也能迎刃而解。言外之意，就是你会武功，身体强壮，到了金国，即便受折磨，也能扛得住。当时赵构听了这话，心生寒意，乃至为自己出身皇室而悔恨不迭。但让人没想到的是，就因他武功高强，金人对他的身份产生了怀疑，他们以为北宋皇子都体弱多病，没有一个刚强硬朗的，更不可能是个体格强壮、骑射超群的人，这不明摆着是派了个假王爷吗？于是，强烈要求退还赵构，这也成全了赵构的余生和今日，让他登上了号令朝野之皇位。祸兮福所倚，福兮祸所伏，幸与不幸，也许都是天定的事。

现在，当他以一国之君的身份与昊天大神真正会面，一股庄严之气缓缓自丹田升上来，令他顿生豪气。在官人的导引下，他在"小次前升坛奠币，再诣罍洗，又升坛酌献"。所有这一切礼仪，既熟悉又陌生。当然，定都临安前的飘摇之途中，王朝在短暂的喘息间隙，也曾举行过几次祀天礼，因准备仓促，祭器简易，祭品菲薄，使得礼仪也极为不规范，让赵构怀疑自己的诚意无法被天地大神所收受。加上金人的连连追赶，王朝无法安定，他感到了自己与天神之间的隔阂。

他跪在祭坛上，深深地将身体躬下，来自被雪浸润过的土地上，不停地释放出来的寒意，并没有影响到南宋皇帝与昊天大神的诚心交流。

钟声回荡。一轮明月跃出层层乌黑厚重的云朵，笑吟吟地注视着身下的临安。

四野雪光莹莹，雪光与月光灿烂如斯，南郊绽出一片明亮。

司官上奏："星月灿然。"退后一步，转向重臣，接着宣布："圣心诚敬，天意感格，固须如此。"

月下，来自内窑烧制的瓷鼎、瓷鬲、瓷甗、瓷簋、瓷簠、瓷盨、瓷敦、瓷豆、瓷尊、瓷卣、瓷壶、瓷斝、

吴越郊坛遗址

瓷罍、瓷瓿……这些仿青铜的祭器，并未因质地的变化而减少贵重和庄严；相反，青瓷沉静、端庄的独特气韵，让整个祭坛盛满了不可超越的神圣感。而盛放其中的牺牲、黍稷和美酒……所有的所有，眼前的一切都是一国人民的拳拳之心，它裸呈于天地之间，让昊天大神看见，听见，尝到，品到。音乐不断，舞者不歇，寒风吹拂着面前的一切，月光清然。隐约中，那些瓷铙、瓷甬钟、瓷纽钟、瓷镈和瓷鼓随着大晟乐的演奏慢慢地动起来，仿佛有人将它们敲响，它们用青瓷所特有的音调和音色，畅响在人和神的心中。那是清脆而浑浊的声音，也是轻盈而沉重的声音，是赵构所度过的所有岁月的混合体，是他从青年走进壮年的血泪史。

他禁不住淌下了热泪。

他心下自信，天神对这次祭祀是极满意的，铜器的消失并不会削弱恭敬的力量。某种意义上，这些易碎的瓷器更能表明人类的小心和诚心。

天已五更，月光渐隐，天神渐渐遁去。但雪光不会散去，依旧辉映着祭坛上的一切，人、瓷、食物、火烛，还有神位。

没有人看见，在这些光之中，还有一些青色的光芒，幽然地闪动着，那是礼器上釉面的反光，像星星，在临安南郊，久久不熄。它们仿佛精灵，静静地观望着面前的一切，天地、山河、人群……同时，它们将所观所感，深深地牢记在了心里，在时光中，成为纹路的纹路，开片的开片。

祀礼完毕，皇上赐酒给众臣。

秦桧进前一步："冬候多阴，陛下至诚感动上天，天地响答，雪呈瑞于斋宫之先，日穿云于朝献之旦。暨升紫坛，星宿明灿，旋御端阙，云霄廓清。"

这话说得真是天花乱坠，可心可意。众臣齐声附和。也是啊，这场久违的大雪，难不成在预示上天对南宋举国的赞赏？尽管它不是前朝所信奉的景星、黄龙、甘露、朱草、醴泉、嘉禾、狱空、凤凰和麒麟等祥瑞，但也足够一朝文武感恩戴德的了。

赵构心情转晴，笑道："这是国家大典礼，及期而晴，其诚可庆。朕自即位以来，从无如今次，倘若没有各位爱卿的鼎力相助，肯定不会出现今日的景象。朕宣布，今南郊祭祀，天降祥瑞，颁布赦令！"

渐弱的音乐再次轰鸣，琴瑟筝筑，钟磬笛缶，复然转响，众人笑脸盈盈，欢声不息。他们身后，日光初升，冰雪消融，美丽的临安泛起幽蓝的光芒。

第二章

一抹天青色，
半壁山河破

少年窑工李荣

初夏时分，临安街头人头攒动。一个虎头虎脑的少年，背着一个满是补丁的粗布包裹，穿梭在热闹的街道上，不时停下，踮起脚尖。房舍、戏台、酒楼、茶坊、铺席……面前的一切，让他兴奋不已。一个艺人正在舞剑，只觉剑影重重，成花成团，将那人层层围住。另外的地方，一群人围成一个圈，喝彩声此起彼伏。他侧身从人缝挤进去，见一个精壮汉子，嘴里吐出一团又一团的火焰，每吐一次，都引得众人喝彩叫好。他一时看痴了，微黑的脸蛋上，一圈一圈的笑向外溢出。面前的一切，让他流连忘返。不过，他最终还是想起自己此行是要去皇宫旁边的修内司窑，方挤身出来。迎面是一架糖人担子，一位老者正在吹糖人，手口齐动，两三下便有一只猴子出现在少年面前。少年咽下口涎，恋恋不舍地边回头，边朝前走。

少年姓李名荣，来自绍兴乡下。议和成功后，金国停止了搅扰，南宋朝得到了暂时的安宁。随着朝廷"经界法"的推行，农业生产及务农人员得到了合理的安置。一些人闲下来，他们选择以外出打工为生。李荣的舅舅在修内司官窑当师傅，近日捎话说官窑招人，让他赶快来报到。少年从未离开过家，这一路新鲜，水陆行履，既劳累又兴奋。这不，到了临安，同乡将内窑方向指与他，便忙自己的买卖去了。

走完长街，转到一条土路上，烈日如火，少年的汗水一遍又一遍从额头滚到脸上。他用手臂不停地擦拭，不知道擦拭了多少次。但见周围山峰峻峭，松林耸立，碧玉葱茏，隐约听到流水潺潺，鸟雀啾啾。石头牌匾上刻着大大的三个字：修内司。

他站在门口，黑眸清澈而迟疑，站在原地斟酌了半天，方鼓足勇气走进了窑场。当然，在第一道门前，就被守卫的人挡住了。这些穿着盔甲、手持长矛的士兵，并未因天气炎热而放松警惕。李荣早已被嘱咐过，所以他就说自己是来工作的，并将舅舅大名报上来。卫兵让他暂且等在一旁。不久，有人从第二道门出来，经过再次确认，暂无别话，让他跟着，向内窑走去。少年想起家人的叮嘱：官窑不同于别处，来来往往都是皇家亲信和侍卫，遇人一定要低头，千万不要直视对方。想到这里，他连忙将头低下。他紧紧跟着前面那个人，拐过弯，只觉开始爬一道缓坡。旁边有一些建筑，堆放着各种物件，窑工们出出进进，忙忙碌碌。

直到站在一座棚式作坊前，他才抬头，见舅舅裹着一个大围裙，正从里面走出来。

"算着你该到了。"说着上下打量李荣一番，拍拍他圆润的肩头。

不久，李荣被派到拉坯车间。

据说，制作一件瓷器有七十二道工序，而拉坯不过是其中的一道而已。在拉坯之前，还有踩泥、揉泥等工序，但拉坯是瓷器成型的首道工序，其重要性可想而知。

舅舅告诉他，拉坯是制瓷过程中最简单也最难以掌握的，不仅要注意收缩度，还要注意造型的完整度。一个好匠人的基本功就是拉坯，需要数千次、数万次地重复这个过程，来锻炼自己的手感、触感和对坯体的熟悉。就像一个朋友，需要渐渐走近，用心交流，才会真正地成为知己。

在其后的几天里，他渐渐开始熟悉整座内窑。采矿坑就在南边的山坡上，人们从坑内背土上来，先要粉碎，然后放到澄泥池那边淘洗。澄泥池中间有一个操作台，上面可以同时容纳六七人，东、西、北三面就是澄泥池，全都是用石头砌成的，池下还有暗沟，通向沉淀池。紧挨着澄泥池的，是一个六间的大作坊，作坊内地面顺山势西高东低，除去料理台，还有放置加工过的精熟料区。釉料池和常用匣钵用麻布覆盖着，那是在保持釉料的水分，减缓流失时间。走过顶柱，是四面都是流水槽的陈腐池，还有用残砖铺成圆形坑口的辘轳坑。这个作坊基本囊括了制瓷的一系列流程。李荣的舅舅掌握着最主要的一道工序——上釉。

初来的几天，少年李荣总觉得这里的黑夜特别漫长，日头总是很早就落下。那时，伫立在半坡的窑场，周边黑压压的茂盛的松林，似乎就要倾盆而下，压倒面前的一切。

快半个月了，他的拉坯技术并无长进，乃至泄气地跟舅舅说："要不我去做踩泥工算了，反正我有用不完的力气。"舅舅当然不同意："只要是长着脚的人，谁踩不了莲花墩？包括揉泥，在烧瓷工艺中，都是初级阶段，技术含量低。我叫你来，不是让你做苦工的，而是想让

第二章 一抹天青色，半壁山河破

修内司官窑发掘现场

你掌握一门看家的技艺，即便将来从内窑出去，也不愁没人请你。荣儿，你还小，人也聪明，只要努力，一定会成为最好的拉坯师傅。然后，舅舅再教你上釉，一步一步来。"

这样的鼓励很让李荣心动，但舅舅为他拉开的未来景象太遥远了。一天时间，面对的都是无数次失败的沮丧，他渐渐产生了一股厌烦情绪。晚上跟十几个人睡在一个大通铺上，他翻来覆去。身边的张举逗他："小荣，你是想娘了吧？"

他的脸，在黑暗中涨成一块红布。

后来，晚上睡不着，他就悄悄去窑炉那边呆坐。窑场有两个龙窑，随山势呈长条斜坡，从东到西，自下而上，仿佛两条仰望月光的巨龙。如果东端的火膛里亮堂堂的，窑口就会有人守着；如果黑洞洞的，那就说明窑内是空的。他也曾进入黑洞洞的窑内，那时，觉得自己仿佛走进了一条漫无边际的黑洞。但奇怪的是，在洞里，他并不感觉燥热，一股清凉湿润的气息让他舒然。另一座龙窑显然更短些，据说那些特别贵重的瓷器，会在短窑里烧制。

还有三座馒头窑，它们主要担负着低温烘烤素坯的功能，人们叫它们素烧窑。比起来，这三个窑使用的频率要高些。

李荣来到内窑两个月后，心才渐渐安定下来。拉坯的成功率虽然小，但偶尔还是可以被师傅表扬一次的。而且，他终于见到了成品。出窑那天，他们所有人都进入带着木炭和胶泥热辣而呛人气味的龙窑内，小心地将一个个盛放瓷器的匣钵搬出来。那是他最近距离地靠近青瓷的时候，仅仅隔着一层红泥匣钵，乃至他能察觉到里面轻微的声响，他的心里充满了喜悦，也有恍惚和遗憾。作为普通窑工的李荣，是无权去亲手拆开匣钵，亲眼见证一件瓷器从黑暗走向光明的过程的，而他更没有去轻轻抚摸一件真瓷器的资格。

他就怀着这样的憾意，重新回到作坊，开始自己的工作。不久，他会听到来自南坡上瓷器碎裂的声音，那声音，破金裂帛，让他心里一阵阵紧张，一阵阵惋惜。他知道，随着一些成品通过检验，残次品将被无情地砸碎，重归泥土，再无重见天日的机缘。

少年李荣手里的坯胎，正在渐渐成型。他感觉到来自无形中的一股气流，正在将他手中的泥坯和山坡上举起的锤子，还有那些碎瓷，拷成一团。

水仙花盆的前世今生

　　当然，浩浩尘世，芸芸众生，远不止少年李荣怀抱生命中的遗憾，独自长吁短叹。

　　一只俏丽的黄雀，蓦地从茂密的松树林中冲出，绕着龙窑和作坊飞了一圈，最终停在高高的皇城城墙上。它金黄的身体站在琉璃碧瓦之上时，脚下一滑，竟然打了个趔趄，慌张中翅膀不住地扇动。

　　跟李荣一墙之隔的青年赵伯琮，此时正站在吴皇后的宫院里，等候召见。

　　与墙外不同，皇宫内满是桂花的浓郁香味，让人昏然欲睡。有意思的是，赵伯琮的烦恼，恰恰跟李荣的掉了个个儿。作为皇子，他的烦恼是生活太过拘泥，规矩和束缚让他心中郁闷。当然，这得是在他读完书，弹罢琴，听完曲，绘好画，斗罢茶，乃至踢完蹴鞠，耍过捶丸，洗澡完毕，用过丰盛的饭菜之后，他对所有的娱乐生了厌，才开始向往宫外的市井红尘。眼下，他的烦恼只是觉得等待的时间有点长，有点烦乱。他不禁回头将目光锁在身后宫人手里捧着的黄布包上。那里面是一件器物。当修内司满足了皇室祭祀所需的大型祭器后，逐渐增加了燕器和实用器的烧制。他看到这件器物时，第一眼便被它华贵静雅的气质，以及稀疏有致、忽隐忽现的纹路和圆润灵动的形状吸引住了。他将它摆放在床头，透过日光、烛光去观赏它，摩挲它，感受它如玉如肌的手感。在某种程度上，这个花盆的技艺和成色，要优于碗、盘、杯那些小器。大一点的器物似乎携带着一种大度和舒展，也更令人爱不释手。他突然想，这个花盆，皇后才是最合适不过的拥有者。

自养母张氏过世，他转为吴皇后抚养以来，皇后嘘寒问暖，谆谆教诲，对他跟兄弟赵伯玖视之无间。要知道，自己作为皇上的养子，出身虽是名门，也是赵家后裔，但到底不是皇上亲生的，自入宫那天起，他就小心翼翼，温良恭俭，虽无大错，但小错难免。而皇后从未责罚过他。一个从未生养过自己的女人，对自己如此挂怀、如此牵念，自小通读四书五经的赵伯琮，随着年月的推移，对这个女人生出深深的感恩之心。日子马上进入深冬，岁末乐事莫过于案头清供，而皇后又喜欢水仙、梅花、佛手这些冷香植物。所以，今日他就是来将这个青瓷水仙花盆献给皇后的。

这时候的吴皇后，已年近不惑，自十四岁入宫起，她就追随着当时的康王，也就是如今的皇帝左右。特别是赵构即位以后，她陪伴皇帝从汴京一路逃亡，在海上避难，经历建康、绍兴等地的短暂停留，最终在临安凤凰山安定下来。她熟读史书，聪明伶俐，知书明理，在长达十多年的逃亡生涯中，常常身披铠甲，侍奉赵构，其间经历过无数次危险，但她从未有退缩或者躲避的想法，成为皇上最信任和最依赖的女人。

此时，她刚刚小寐起来，将手伸在侍女捧着的盆中洗手，听说伯琮在外等候多时，连忙让人请他进来。

下午的光线柔和温暖，伯琮那张圆润而不失智性的脸，在光线的衬托下有几分俊美。

"给母后请安。"

吴皇后笑道："怎么想起过来？是有什么事情吗？"

"母后，我得了个好东西，想送给您。"

"哦，什么好东西？"

黄绸包袱被打开，一件粉青釉的圆形鼓腹花盆呈现在他们眼前，透过窗户，光线暖润润地打在上面，它好像被某种东西烤热了似的，发散出隐约的光亮。

吴皇后笑吟吟地低下头，眼前的器物滋润如玉，釉面均匀干净，釉下光滑，竟无一气泡，边沿外凸，下有很小的开片，开片顺着肩到腹部呈渐行渐大的趋势，小开片密致紧凑，大开片疏朗风流。翻起盆底，无支钉，圈足略略朝外，身与足连接处，浑然天成。

"母后，插种水仙可谓相得益彰吧。"

吴皇后笑笑说："这个物件正合我意。伯琮孝心可嘉，正好，刚做的荷花酥，来吃吧。"

伯琮便站起来作揖谢过。

那个来自土和泥，被众人的脚和手抟过，被水浸过，被火烤过的花盆，被静静地摆在皇后的桌案上，伯琮恍惚看见了一小堆土，又仿佛是泥。他看见了自己的童年，跟父母、兄弟、姐妹们在一起的时光；看见了家里的那

"大宋国物"垫饼

第二章 一抹天青色，半壁山河破

只白猫，从花墙上跳下来，将身体长长地伸展开，向着自己"喵"地打了声招呼。花墙上，一朵白色的花正开得热闹。他悄悄用小手摘了一朵，放在身后。他的母亲正穿廊而来。他连忙躲在门口，直到母亲跨门进来，他才像猫一样喊了一声。这种举动每次都会惊吓到母亲，母亲用手捂住胸口，佯装要打他的样子。他连忙将花从身后拿出来，正好在母亲弯腰的同时，出现在眼前。他咯咯咯咯的笑声，和母亲无声的笑契合成一幅温暖的场景。这个场景，在他余下的生命里每每呈现，仿佛抹不去的画面。而这画面，也渐渐融进了他的气质里，变成了忧郁和沉默。

他隐约觉得，那是自己的前生。世上，每个物种都有前生后世，就像眼前这个花盆的前生是泥土，树的前生是草，而花的前生是蝴蝶一样，自己的前生，就是远离皇宫的那段时间。而现在，所有眼下的一切，都是后世的呈现，花盆、他，还有皇后亲手递过来的这碟荷花酥。

荷花酥的后世就是眼前的荷花模样的食物，而它的前生，却是面粉、枣泥、莲茸和糖。若果万物没有前生，那它的后世会是乏味的吗？

赵伯琮将荷花酥放在嘴里，轻轻地咬了一口。

窗外，暮鸟啾啾，一阵风来，扑簌簌地，树叶落到窗前。

赵伯琮知道，倘若今天自己拿其他东西来，贤良宽厚的母后也会很高兴地收下。但他不会让母后寒心，他会将自己最喜欢的物品送给母后，就像命运把自己送给母后一样，那也是努力的、勇敢而正气的，最好的自己。

后宫斗茶

伯琮一直记得那个夜晚,他早早睡去,在梦里,他在草地上捉蝴蝶,蝴蝶那么多,那么缤纷。可是,无论他怎么努力,跳起来,或者跑起来,都无法扑到一只。后来,他在一汪水边看见一只黑蝴蝶,它静静地待在一朵黄花上,好像在等人去抓它。他蹑手蹑脚走过去,伸手一扑,手心里毛茸茸的,他知道那蝴蝶已在那儿了。突然,那朵黄花扑面而来,它的茎蔓迅速朝他的身上压下来,他试图挣脱,但那些茎蔓突然疯长成一根又一根绳索,猛然将他紧紧缠住。他大声喊叫并挣扎着,身上的缠绕越来越紧,他感觉自己就要窒息了,放大声音叫喊起来。醒来时,发觉是母亲紧紧地抱着他。他动了动,母亲察觉到他醒了,才放开他。灯下,母亲满脸泪水。

他突然就哭了。

想起来了,明天,自己就要离开家,离开母亲,去往皇宫生活。在那里,他有新的父母,将有人抚养他长大。

那夜,母亲抱着他,直到窗纸微亮。

在其后,跟母亲见面的机会屈指可数。这种远离亲

郊坛下遗址出土的八卦纹熏炉盖

人的悲伤经历，让他学会了掩饰，刻苦读书，用来消解心中对亲人的想念。值得庆幸的是，父皇对他也极为喜欢，总是在人前夸赞，说他天资聪颖，博闻强记，异于常人。为此，还专门建造了资善堂，作为他读书的专用场，并派了学士富才赡作赞读。宫廷生活，赵伯琮不惧繁文缛节，也不怕读书清苦，只有远离亲人，才是他所耿耿于怀的。

夏日午后，灼热的光线穿透窗幔，射到屋子里。那时，窗外草木之中蛰伏的蝉鸣，拉长声调，不停聒噪，让人心烦。他面前的熏炉里一些浅青色的烟雾正充满屋子，他有种窒息感，不禁拉扯着衣领。一抬头，面前都是进贡来的各种形状的插瓶，尊、罐……卷沿的，折沿的，折肩的，镂空的……在地下，在桌案，在窗边，有的插着枝条，有的插着花，有的空空荡荡。他看见它们，突然就觉得自己变成了窗外的蝉，恨不能大叫出来。

每次他看到它们供人欣赏，并被啧啧称赞时，心里总是会生出烦闷。他明明知道，这些高雅的、贵气的，散发着远离尘嚣的静气、孤傲、绝色的器物，代表着主人的地位和风雅。作为皇子，他应该对它们抱着欣赏、解读、品点的态度。但他每次总是做不到，他更愿意让自己变得木讷、迟钝、迂腐，哪怕让人错以为自己除去读书，别无所好。

他当然不能跟人说，他看见它们，就觉得是在看自己。一个摆设在皇宫的大插瓶，一个让人观看指点、评头论足的玩意儿，一个不能将自己的情感和喜好表达出来的花瓶，一个供皇室盛放绢花的器具。

这晚，又到了家宴时间，这是伯琮感觉特别不自在的场合。入宫这么多年了，他的忐忑和局促还残留在骨子里。所以，每次，他只是轻描淡写地吃几口，让饥饿感提醒自己，不要说错话，做错事。

皇上心情特别好，胃口大开，还不停地讲笑话。等众人用膳完毕，父皇还一脸兴奋，竟留他和皇弟赵伯玖斗茶，并意味深长地看了他一眼。

赵伯琮知道，这是父皇要检验自己的斗茶水平。说实话，不知为什么，每次斗茶他都会输，而且次次都输在同一道步骤上——茶筅使用不到位，导致汤花不咬盏。他低下头，微微羞赧起来。但这次，父皇看起来是要在自己两个皇子面前大显身手了。他用棉纸包住茶叶，压碎，然后将茶叶倒入茶碾，快速而干脆地碾茶。再将碾好的茶粉倒入茶盏，冲入沸水，用茶筅快速击拂。他边击边说："你们看好了，关键在第三汤上，这时候手腕的力度要匀称，而且要越来越轻，如果这步出了错，四汤、五汤、六汤、七汤会越来越差，步步力不从心，汤花也难以咬盏，容易出现水痕。如果你们跟人家斗，这第三汤就败了。斗茶时汤花越重越难碎，这才算赢。"

这一席话，看起来是说给两个人的，但赵伯琮明白，这是父皇在一步一步教自己的。皇弟比自己聪明，做事总是很容易学会，斗茶于他原本也是小菜一碟。

伯琮心里暗暗记下。

茶水缓缓注入青色茶碗中，清雅之颜顿时呈在眼前，让人不舍得端起，更不舍得入口。

父皇叹口气，说："在汴京时，斗茶首选建盏，那是建宁府专门烧制的黑釉瓷茶盏，有兔毫盏、黑盏、蓝盏、鹧鸪斑盏、油滴釉盏等等，分为束口型、敞口型、敛口型、撇口型等，建盏外观浑厚古朴，多为大口、深腹、小足，形似一只倒扣的斗笠，看起来稳重、大气，古朴自然。最好的是曜变盏，盏体深蓝，上面的斑点犹如夜空中闪耀的星辰，盏内釉层经过窑变，形成错落不一的晕状圆点。当日蔡襄著有《茶录》，里面专门说道，'茶色白，宜黑盏，建安所造者绀黑，纹如兔毫，其坯微厚，熁之久热难冷，最为要用。出他处者，或薄或色紫，皆不及也。其青白盏，斗试家自不用'。"

赵伯琮低头，方才注意到自己手中的茶碗是件敞口莲瓣纹茶碗，色泽纯正，撇口，尖唇，弧腹渐向内收成平底，外壁饰有双层仰莲，瓣脊微微凸起，摸上去那种滑润感，像小动物的皮毛般，让他的心里涌出一汪深情。修内司内窑的纹饰，由釉的色泽质感和纹理来凸显其静雅之美，多以浅浮雕的莲瓣为纹，有双层、三层莲瓣重叠，通常瓣面较宽，花瓣尖略微圆钝，莲瓣中间的凸棱并不明显。这件敞口莲瓣茶碗看上去并无异样，但摸上去却能体味到它不同的一面。显然，它没法跟建盏媲美，但自有另一种简洁、自然、低调的韵味。他一时竟然来不及品一口茶，躬身在地："父皇，能否将这个茶碗赐给儿臣？"

赵构笑道："你都不品一口父皇碾的茶吗？如果不给你，是不是你就真不喝了？哈哈。"

三个人都笑了。豪放的笑声有点大，竟然惊起檐头的几只夜鸟，扑棱棱飞起来，也不管东南西北，慌张地向前冲去。

从修内司到郊坛下

又一年的十月，空气中依旧注满桂子的香味。午后，下雨了，金黄色的桂花被雨水轻击着，到日晡时分，已是遍地金黄，仿佛宫墙的影子不小心掉了下来，等人将它们复原归位。屋内，赵构正在欣赏来自张俊的那些进献。

几日前，清河郡王张俊以报答皇上对自己的恩宠为由，在府上开酒宴，宴请赵构及各品大员。算上这次，是赵构第二次去大臣的府上，上次是秦桧家。当然，也有臣僚邀请皇帝去自家府上小酌一杯，但赵构并不轻易答应：一来，沿路行走，多有不便，安全隐患不说，如果被民间百姓知晓，大呼小叫，造成不必要的混乱也是有可能的事；二来，皇家的威仪不可轻降。所以，在张俊三番五次邀请后，赵构碍于其多年辅佐的忠心，便着私服，带着各品大员百余人，浩浩荡荡出现在张俊的府邸。

后来，赵构才知道，张俊为了这次宴请，把临安的二十八位名厨全都请到了府上，仅正席前的点心就多达十三轮，每轮有十多道。这也让赵构吃惊不小，虽然皇宫日常生活也极其讲究，但此种可与当年汴京皇宫相媲美的奢华，他多年未见。自朝廷南迁，朝廷经费捉襟见肘，加上多年陆续修缮皇宫，赵构多次提倡节俭，所以，皇宫生活也毫不铺张。没想到，正席开始后，下酒大菜有十五盏，每盏两道菜，另有小菜二十八道，足足五十八道菜，让人眼花缭乱。但也恰恰在那一刻，赵构感觉到了自己作为天子的威仪和厚待，他恍惚看见江山永固的假象。

真正令赵构惊喜的，是饭后张俊送给自己的一份礼物。

眼前，便是这份令他目不暇接的礼物——酒瓶、洗、香炉、香盒、香球、盏、盂子、出香、大奁、小奁……都是汝窑烧造。外面虽是雨天，光线暗淡，但它们在赵构面前还是暗雅润泽，隐约有光。汝窑烧制地在河南汝州，汴京时代，宫中多汝窑瓷品。临安定都之前，汝窑瓷品已很少见了：一来金军入侵，大肆破坏；二来北宋后期，官窑的兴起，也在一定程度上限制了汝窑的发展。汝窑跟修内司窑最大的相似处是同为单色釉青瓷，都有开片裂纹。不同之处是，汝窑瓷器胎为香灰胎，瓷釉基本色调是"鸭蛋壳青色"，釉面开裂纹片，多为"蝉翼纹"。而修内司官窑的瓷器胎土多为黑褐色；釉面有大小开片，纹片有疏有密，有深有浅，以"冰裂纹"等大纹层为主，纹片大小疏密不一，极不规则；釉面多粉青色，更似璞玉之色。

汝窑虽好，到底是前朝之物，赵构知世间少有，越发珍贵，命人收到内宫仓库，登记造册。

明日，雨过天晴，一朝文武嗅着浓郁的桂香，踏着金黄的落花上朝。

礼部上奏："三年一次的郊祀在即，虽有一年时间做准备，但朝廷礼仪不能敷衍，需郑重对待。之前的祭

郊坛下遗址出土的素烧器

器多残破蒙尘，冬至郊祀需要增烧新的祭器，以备需用。"

按说，还有一年时间，为什么礼部如此焦急？原来因为内窑属非商品生产性质，生产规模不大，一般均是宫中需要，时烧时停。根据多年烧制经验，九月烧瓷原料易保存，烧制成品不易变形，此时烧制的瓷器最为合乎规格，窑色最好，所以祭器一般就安排在这个月烧制。大家心知肚明，所以赵构很干脆就允准了。

礼部官员又说："修内司内窑使用多年，因当初选址匆忙，靠近皇宫，多为不妥，加上多年使用，如今越发局促，需进行大规模的修缮。而且，最近发现，采矿坑内原料不足，需要从别处采集原料，这都是面前需要商议的事情，请皇上定夺。"

赵构沉吟半日，又问道："旧窑如果原料不足，修缮大可不必，可有合适的新场地？"

一时，众人面面相觑，嘈嘈切切议论起来。

当然，朝议亦无结果。

皇上便命令礼部官员去勘察地段，争取尽快找到一个合适的场地，新旧窑一起运转，来应对即将到来的天地郊祀。

转眼几十天过去了，在朝廷的催促下，太常寺通过寻访、勘察，在乌龟山西麓找到了一个合适的地方。这里东为钱塘江北岸平地，西为朝廷的籍田，北依将台山，距离皇城也不远。关键是，在这里发现了大量的紫金土和瓷石等原料，而且四周林木茂盛，距钱塘江不远，获取燃料和水源都很方便。但该地址靠近圆坛，也就是皇帝祭天的祭坛之地，为此官员们特别纠结。当然，最终，赵构同意了这一提议，在绝对禁止闲杂人员出入的同时，来年春暖花开，郊坛下官窑很快就投入了使用。

当年顶着烈日进入修内司内窑的学徒少年李荣，如今早已学成，像舅舅一样，成为被人尊敬的师傅。在陆陆续续的迁徙中，人员、原料以及工具不断地被运走。到了秋天，他作为主要负责人，被留在了修内司，在等待最后一窑瓷品出窑的同时，完善后续之事。

在这一次迁址中，一些年龄大的窑工也同时被淘汰了，其中有一个叫陆时的人，之前负责采料事务，不想自昨年开始，身体大不如前，且愈显消瘦。因他在修内司多年，人品好，口风严，所以将他派到填埋坑这边。这次，他就成了淘汰的对象。像他这样因身体原因需要淘汰的窑工有好几个。大家对修内司有了一定的感情，觉得废弃是件可惜的事，他们对内窑的依恋变成了甘心守卫。所以，现在李荣手下基本就是这样一些老人。

几十年时间，李荣对修内司的一切都了如指掌。他对修内司的一草一木、一砖一瓦同样充满依依不舍之心。但他比他们幸运，因为尚在壮年，无论体力还是经验，都呈巅峰状态，为此受到那些即将告别窑场的技工们的羡慕。他们在李荣身上看到了自己的影子，那个硬朗的、健康的、强壮的自己。而李荣也同样在他们身上看到了未来的自己，终将衰老力竭，终将远离一生劳作的窑场。

他依旧喜欢在夜里坐在窑场的某个地方，嗅着泥烟呛人的味道，仰望浩瀚的星空，感受到来自钱塘江的风，湿润而舒润。他的手变得宽大、厚实、粗糙，但更敏锐而灵巧。他虽然已经离开了拉坯车间，但依旧喜欢去那里，为那些小窑工们示范，他能察觉出来自泥坯细微的变化，当然，他总是很到位地纠正了手里的泥胎。更多时候，他觉得自己就像手中的泥，被自己塑形，又被自己上釉，最终通过别人的手送到窑内。他从未想到过自己最终的模样，作为窑工的，作为丈夫和父亲的。

当最后一窑瓷品烧制完毕，他跟留守的几个人一起清空作坊里剩余的器具，将采矿坑和澄泥池等进行了回填，背着行李，走出修内司内窑。"修内司"三个字早已不见，守卫们的岗亭也已拆掉，而当日那个带自己进入内窑的人，更是消失无踪。时间就像一个空壳子，从未来过，也从未在过，天地之间，只剩下空荡荡的风，吹着空荡荡荒芜的旧窑，这种凄凉和失去的感觉，让李荣心里颇为难受。但他不得不跟即将离去的窑工们作别，他看见他们浑浊的老泪在眼眶中晃荡，看见他们久久地站在那里，在风中遥望着窑内的空茫。

在萦怀不绝的凄凉中，李荣踏上通往郊坛下官窑的道路。

第三章

泥土里迸出的光芒

鸭形熏炉和太子

绍兴二十五年（1155）十月，临安的桂花较之以往开得更加繁盛，无论是街头巷尾，还是人家院落，包括凤凰山的皇宫，到处金黄一色。上天仿佛将万物所有力气都赋予了临安的桂花们，让它们替自己端着美丽的姿容降临于此。整个临安城香气熏人，人们出来进去，脚下软绵绵的，仿佛要被花熏醉了。人们说，照这样子，西湖水也要被熏香了。

浓郁的香味熏得赵构昏然欲眠，做什么事都提不起精神。午后不久，勉强看了些奏折，困意来袭。他用手杵在下巴上，闭目养神，心想，一会儿到御花园走走，提提神吧。外面突然传来急匆匆的脚步声，一个人走进来。原来是秦府来人，报说宰相秦桧生病了。

按说，一般生病也没必要专门上报，看来秦桧病得不轻。来人退下后，赵构一时清醒许多。这么多年来，秦桧作为一朝宰相，八面玲珑，深知君意，保全大局，当然，他也极为蛮横霸道，大肆敛财，扶植亲信。这些赵构心知肚明，但念他功大于过，便睁一只眼，闭一只眼，乃至亲笔题写"一德格天"的匾额，赐给秦桧。他也曾多次设想，假如没有秦桧，自己也许会在主战派大臣的

第三章 泥土里迸出的光芒

郊坛下遗址出土的鸭形香熏

坚持下，打回北方，收复河山，让大宋重新屹立在北方大地。但能肯定的是，倘若没有秦桧，自己就不能坚守主和方针，更不可能偏安一隅，安度半生。比起回到北方，重新成为康王，他更愿意在远离故乡的临安，坐在这个皇位上，做一国之君。秦桧，在某种意义上，更像挡在他前面的一堵墙，虽然同样也挡住了出路，但更起到遮挡主战派一干大臣的效果。想到这里，他便命人备轿，准备去秦府探病。

门外却站着一人，原来是皇子赵伯琮前来请安，赵构便要伯琮陪同前去。

赵伯琮一直对秦桧喜用贪官污吏、排挤廉洁之士的作为心怀不满，但碍于父皇器重，除去刻意远离秦桧、躲避同党外，寻常下也并无举动。但今天要去看望秦桧，他的抵触情绪却明显地写在脸上。

赵构看着他迟疑而不情愿的样子，干脆地说："走。"

秦府的人早已守候在府邸门前。

秦桧躺在病榻上，几天不见，消瘦不堪，也不能说话，看起来奄奄一息，勉强睁眼，见到皇上皇子，浊泪不止。

赵构安抚一番，怀着极其复杂的心情离开。回宫的路上，被桂香熏得迷迷糊糊竟眯着了，恍惚又漂荡在东海之上，身后追兵无数。可是，船上除去自己竟空无一人，一阵一阵的海风卷起了大浪，他惊恐地睁开眼，方明白原不过一梦。

当晚，赵构心情极度低沉，加上路上受惊受寒，也卧在了病榻之上。

隔日，秦桧咽气的消息传进宫来时，他才勉强起床上朝，追赠秦桧申王，谥号"忠献"。

秋天或许注定多事，赵构的母亲韦太后于又一个桂花季一病不起，俄而崩于慈宁宫内。这个带给赵构生命的女人，是全心全意最爱赵构的人，当年他多次不惜代价，跟金国议和，就是为了让母亲回家，承接自己的孝道，安享晚年。当终于将母亲接回来时，他曾发誓，不再让母亲受苦。只是，他从未料到，死神从不问缘由，更不留情面。

几年时间，先后失去两位生命中重要的人，赵构瞬间生出落日将至、大厦将倾的错觉。在一次朝会上，他终于同意，把群臣多次提出的确定皇子的问题，提上朝廷议事日程。

这一年，郊坛下官窑烧出的瓷品种类也极为繁多，且更精细，形制变小，极大地满足了皇宫逐渐修缮完整、所用生活用器增多的需求。临安气候湿润，加上皇宫周边森林茂密，夏天蚊虫繁盛，冬天湿气迫人，在皇宫居住的人们需要熏香取暖，熏炉成为必不可少的器物。在制作熏炉上，匠人们发挥各自想象，边试验边摸索，烧制出一些形制特别的器物。

赵伯琮的新熏炉不同于一般的博山炉，也不同于之前他见过的八卦炉，竟是一件鸭形状的熏炉，头部呈圆弧形，光滑圆润，鸭嘴和鸭眼是出烟口，流畅的颈部成为一个很好的烟道。鸭身有凸起的翅膀造型，完全跟莲瓣不同的一种设计，那凸痕更明显，肉眼可辨，翅膀上的羽毛显得栩栩如生。整个鸭形炉，鸭身饱满，尾部上翘，翘起处正好成为一个隐藏完好的盖子，掀起来就可添香置炭。

这件新熏炉让他第一次觉得，实用性和设计性兼得的青瓷品是如此独特优美，脱俗超然。所以，当父皇下令送来十个美人的时候，他的心思完全不在她们身上。他更愿意坐在熏炉旁读书、喝茶，或者什么也不干，就凝视熏炉幽然而雅致的神态和韵味，沉迷器物所传递过来的那种隐秘的快乐和舒适。说也奇怪，器物并不具温度和感情，可是他却能从中获得启示和静气。书中自有颜如玉，瓷中亦有解语花。

倒是身边的宫人提醒，该去看看那些美人们，免得皇上生气。想想也是，那些女孩并没有什么过错，她们只是想在皇宫找到一个立足之地，提高自家地位和生活质量而已。

有次喝了酒，他便生出去看看她们的想法。

她们被安排在府内，分别住在不同的地方。身边人问："王爷要去哪处？"

"随便。"

一推门，眼前的美人让他眼花缭乱，但见面前女子，头顶云髻，插金银珠翠，耳挂玉坠。上着织金短衫，下穿黄罗银泥长裙，系一条花裹肚，外罩红纱，也不知是红纱的缘故，还是害羞的缘故，总之是个红彤彤的女子，加上双颊滚圆，看起来，倒像个喜娃娃。

他一下子就大笑起来，这一笑，吓得对方花容失色，双膝着地，裙下一双凤头绣鞋露出来，竟小巧玲珑，不足一拃。他转身，边走边笑：看来也不是一无是处啊！

再一处，他见到一个极为大胆的女子，对他百般言语挑逗，似乎带有风尘气，是他不喜的。

见了三个，他便意兴阑珊地转回去了。

"比起来，我还是喜欢这个熏炉啊！"

熏炉里，沉香的香气弥漫开来。他的酒已醒一大半，案桌前坐下，灯下，他看见自己摊开的书。

直到十几天后，他才知道，这些女子是父皇检验他的工具、筹码。

绍兴三十二年（1162）五月，朝廷举行了太子册封大礼。这是立朝以来的初次狂欢，临安城里一片欢腾，隆重的太子册封大礼，在朝臣们庄重而充满期待的注视下有条不紊地进行着，发布册立太子诏书，谒太庙、会群臣、群臣上礼……

当赵伯琮，不，从此应该是赵昚了，接过太子印和皇太子册封文册的那刻，突然觉得，是那个鸭形熏炉左右了自己，引领着自己，一步步走到此刻的。

泥土里迸出的光芒

令赵昚没想到的是,自己刚刚被赐名赐字,尚未习惯,父皇赵构就要退出龙位。说实话,皇位对他的吸引力并不大,多年来,他以为自己这一生,只要尽到人子的职责就够了。从刚入宫起,他就不是聪明、识谋略或有大志的那个。他之所以埋头读书,一方面是因为自己不善言辞,读书好歹也是个借口,能逃脱一些没必要的场合;另一方面,他就是想以这种远离而缓慢的姿态,来表明自己并不想成为父皇的接任者。而成为太子,也是令他诧异的事。

他第一次以太子身份跟父皇用早膳。席间,父皇声调低沉地说:"元永,以后你的担子就重了。"他心想,太子统管的事务真的让他感到了重力。尚在思忖,父皇那边又道:"这几年,朕也老了,早点让位给你,我才能好好休息。"

话音刚落,赵昚便跪在了父皇面前,满眼泪水:"父亲,您千万不要有这样的想法,朝廷需要您,整个国家都需要您啊!"

赵构露出疲倦而慈祥的笑容:"世上没有不散的筵席,

这几十年来,朕身心俱疲。现在国家已逐渐好转,由你来掌管,方能有新气象啊!"

这以后,父皇多次将退位的意愿诉与赵昚,赵昚口拙,唯有流泪,来表明自己的赤诚忠心。

六月,凋落的石榴花花瓣血红点点,而枝头还有新的花朵,早早晚晚不依不饶地绽开。

东宫,赵昚正在看书;帘外,父皇已笑吟吟进门。下午正在消退的光线变得柔和了许多,那光线打在步履缓慢的赵构略显疲惫的身上,赵昚第一次正视这个须发皆白的老人,生命的苍老,让他的心里一阵酸痛。

"父皇,您怎么来了?"

"朕来给你送礼,哈哈。"见赵昚疑惑,赵构又说,"怎么,不让座?"

赵昚赶紧让座,吩咐下人端一碗雪泡梅花酒来,替父皇解解热乏。

赵构柔声道:"雪泡梅花酒太凉了,茶水即可。"

茶水喝罢,赵昚又请教父皇书法。近年来,赵构潜心研究二王和孙过庭,深得前人书之法度。这点上,赵昚叹为观止,便虚心地说,以后还请父皇多指点。

赵构又笑着说:"怕是你以后只能在奏章上习字了。"

说着,让人呈上一对瓷碗,盛在托盘中,盘罩黄绒,衬得那一对青色瓷碗颜似玉润。

"知道你喜欢这个胜过那些摆器,挑了两个朕中意的送你,你看看。"

是两只敞口莲瓣碗,形制比寻常要小,看起来更精致,撇口、尖唇、弧腹略鼓、渐向下收,壁上有双层仰莲,花瓣脊微凸,隐约有光,釉色匀称,均为粉青亮光,足面纤细,铁足微露,釉下暗含冰裂,仿佛有水即将渗出。更让人惊讶的是,两只碗竟然一模一样,包括开裂和莲瓣凸纹处都同出一辙,毫无破绽。

赵昚热烈的目光暴露了他的心思,老谋深算的赵构当然看在眼里,也喜在心上。

"这么好的器物,谁能想到它是从淤泥里出生的呢?世上的人们,从不计较这些,他们更看重眼里呈现的样子。元永,你听好了,这是朕给你的礼物,你收下,明日就是大宋皇帝了。"

痴迷的赵昚心下一惊,他的双膝尚不及跪下去,赵构已经跨门而出,那步伐,竟然比来时刚健快速得多。赵昚眼前就只剩下那些石榴花,树上,地下,通红灼目。

赵昚的太子仅仅当了一个月,便被命运推到了皇帝宝座上,成为南宋的第二位皇帝。

这一年注定是赵昚年,如果说上半年是他的预备期,那么下半年,他已经奔驰在跑道上了。一个月后,他就召主战派老将张浚入朝,共商恢复河山的大计;并且接受史浩的建议,很快下诏为名将岳飞冤狱平反,追复其原官,赦还岳飞被流放的家属。同时,也不忘将被贬谪和罢免的主战派大臣平反复官。这种重用主战派、积极备战的举动,的确让退位的赵构大吃一惊。但转念一想,

第三章 泥土里迸出的光芒

郊坛下遗址出土的簋式炉

自己既然将国家交给了儿子，一切就任他全权处理吧。

赵昚初时觉得，他这样激进会惹恼父亲，乃至被训斥或者阻挠。但没料到，父亲那边竟然听之任之，偶尔也会规劝，但多不痛不痒。一时，他觉得自己的理想抱负终于可以一一实现了。这点上，是父亲给了他信心，他一直记得父亲说的那句话："这般美器，谁能想到它来自泥土呢？英雄莫问出处，世人更看重的往往是当下眼里呈现的样子。"

泥土里也会有光芒。只要你努力，命运终会将光芒和最好的自己带给你。赵昚就像郊坛下官窑烈火中烧制的青瓷一样，带着泥的品质和火的温度，带着高贵的理想、明亮的光芒，开始了他的执政期，大刀阔斧，一往无前。他时刻提防宰执发展个人实力，严格遵照外戚不得干政的家法。同时，注重军事改革，积极选拔有能力的将领，使南宋的军队战斗力得到了很大的提高。他登基的第二年，授意枢密使张浚筹划北伐。先后收复了灵璧、虹县等地，继而又攻陷了宿州。当然，因为种种原因，北伐最终失败，面对强大的对手，赵昚不得不同意议和。后来，虽经多方努力，但最终还是以维持现状告终。但也由于无战事干扰，给赵昚创造了专心理政的机会，他在任期间，发展经济，大兴水利，发行纸币，轻徭薄赋，社会稳定，文化繁荣，南宋王朝就在赵昚自身光芒的照耀下，散发出无比璀璨的光亮。南宋，步入了它最为稳定的繁荣期。

皇宫失窃案

凤凰山皇宫外,钱塘江西子湖畔,南起望仙桥直街,北至佑圣观路,西临中河,东括吉祥巷、织造马弄的德寿宫内,太上皇赵构的幸福感暴增。在五十多年的人生中,这种感觉从未有过,乃至竟然觉得在母亲身边长大的童年时光,都不值一提。而这种幸福,无疑来自他适时适度的放手。这一放,将背负多年的王朝也推让了出去,将所有的内疚和心惊也彻底抛却,压在胸口多年的巨石落地,他也第一次感觉到了人间美好,未来可期。

秋日的清风,并不能扫去空气中的热浪。赵构搬进德寿宫不足两月,这里原是秦桧的府邸,经过改造扩建,布局仿照皇城,内有德寿殿、后殿、灵芝殿、射厅、寝殿、食殿等十余座殿院,到处亭台楼榭,奇花异草,小桥流水,其情状并不逊于皇宫。当然,毕竟不是皇宫,这才是令赵构真正可心可意之处。

饮罢一碗卤梅水,又吃了蜜饯点心,赵构便命人准备船只,闲游西湖去。

当年初到临安,赵构就对西湖情有独钟,他喜欢站在湖边极目远眺。白云悠悠,群山苍翠,湖上更是风景秀美，三秋桂子，重湖叠山，小舟点点，十里荷花，鱼跃鸟飞，花灯异彩，笛曲缭绕，菱歌阵阵，胜似仙境。如此湖山，是汴京无法比拟的。再后来，由于金兵突袭，他不得不从临安出走。再回来，凤凰山皇宫满目疮痍，断垣残壁，一片废墟。只有西湖依旧风姿优美，一时他觉得自己像一个被湖山阻隔在外的人，不得不重新考虑皇宫建址。赵构有私心，西湖边当然不妥，他心仪的地方是西溪。当日赵构从建康府重回临安府，路过西溪，但见河网交错，港汊纵横，鱼塘密布，溪光杳霭，蒹葭满目，曳素百顷，皑若白雪，引人入胜，"虽无弱水三千里，不是仙人不到来"，一时让他流连忘返，深爱不已。但显然西溪太过偏远，周边无遮无挡，并不具备建造条件，他在皇宫规划图上写下一句情深意笃、依依不舍的话——"西溪且留下"，并将皇宫最终定在凤凰山上。

赵构在位期间，对西湖的治理一刻也没有放松过，不仅增置开湖军兵，还造寨屋舟船，用于挖除湖中淤泥，防止西湖淤塞；同时修复西湖六井地下水道，增设水闸，使得西湖水流畅通，保证城中居民的饮水。后来，西湖被列为放生池，禁止采捕。西湖在朝廷的治理下，越发湖秀水幽，俊雅有韵，吸引了当时众多的文人墨客，纷纷赋诗作画。但他们对西湖的欢喜，又怎么能抵得上赵构呢？

当他成为太上皇，这个比较自由的身份赋予了他生命的种种可能。比如，他可以随便出入宫廷，游湖山，入市井，垂钓，闲逛，他对此极为享受。在闲下来的时间中，他去得最多的地方，就是西湖。

风清气爽。

西湖湖畔，小贩正在卖力地吆喝，他们面前的果蔬、

第三章　泥土里迸出的光芒

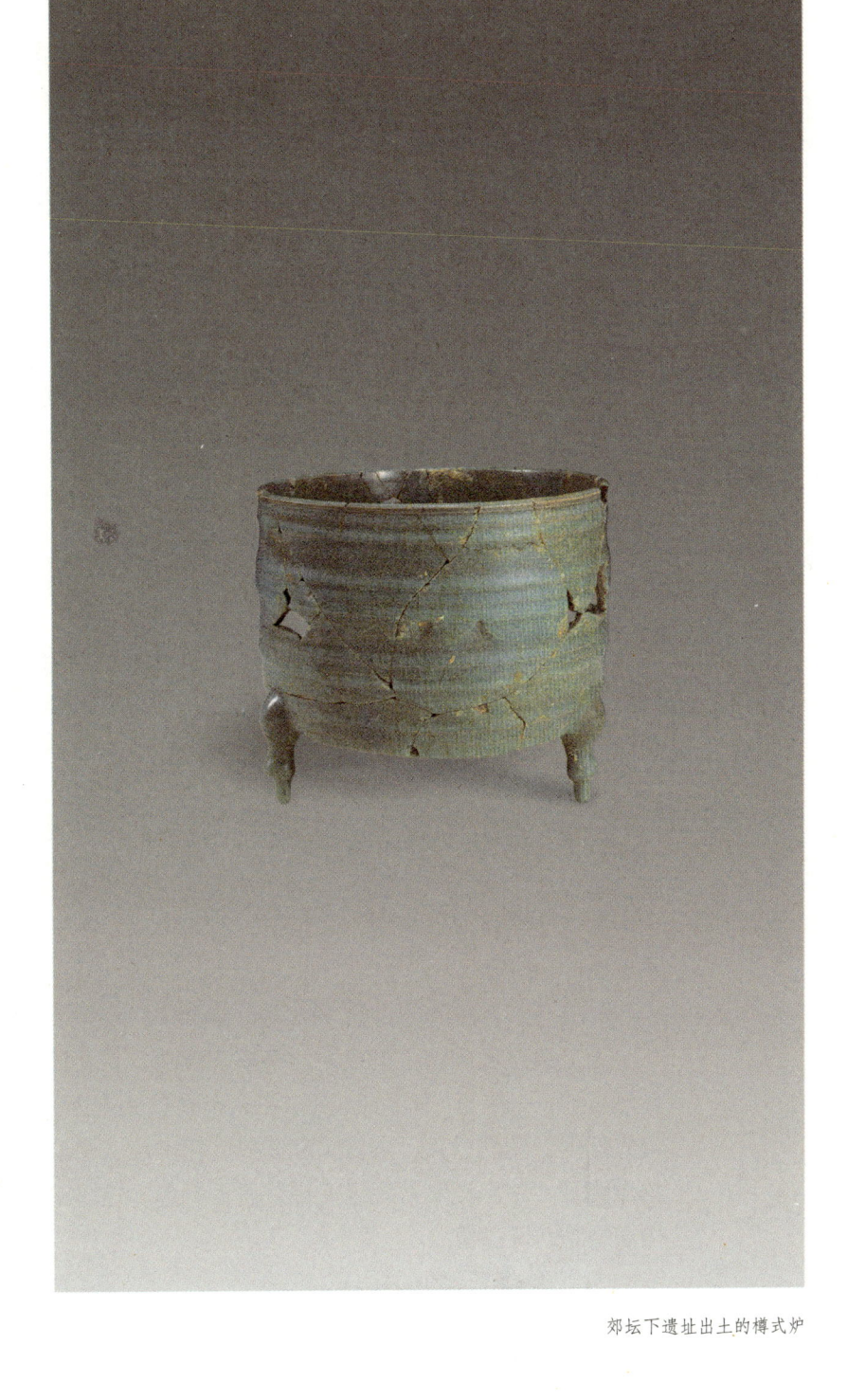

杭州风物 **HANG ZHOU**

郊坛下遗址出土的樽式炉

花篮、画扇、玩具、窑器，跟他们一样欢腾热闹。而那些吹弹、杂剧、散耍、水傀儡等游艺更是声势浩大，热闹哄哄。

湖面帆影点点，太上皇的这艘经过改造的游船上，笑语盈盈，笛曲阵阵，来自民间歌手口中的小调，令太上皇心情大悦，禁不住随声附和，忘乎所以。一曲终了，他照例出手大方，赏金无数。

一条小船突然出现，船上堆着一些杂色货品，有人正在吆喝，湖畔的商家划船带货到湖里叫卖，当然这也不是新鲜事。

赵构一时兴起，便让游船泊下，问对方有什么稀罕货。

对方见面前一条大游船，船舱内人影晃动，丝竹不绝，猜测是富户人家的老太爷，便说有宫里流出来的好玩意，爷爷要不要看看？

赵构好奇是什么样的宫里玩意儿，便让他登船。

那人个子不高，精瘦，短打扮，登船上来，手里也不见有什么玩意。

太上皇正要问询，见来人伸手解开幞头，从头顶上竟然拿下一个东西，伸手递过来，是一个米黄釉的酒杯，宝光四射，莹润秀美，杯身满满细碎的蟹爪纹，口沿处釉层略薄，灰黑泛紫，圈足无釉处呈铁褐色。这可不是内窑烧制的玩意吗？

赵构又想，这东西非偷即盗，一时笑眯眯地试探道："你怎么知道这是宫里的？"

"爷爷，您老养尊处优，仪态尊贵，仙风道骨，一眼就能看出大有来头，小人不敢唬爷。"

"你也不是宫里的人，怎么就得了这玩意？"

"不瞒爷爷，小人的姑母在宫里当差，难免不遇，她近日手头紧，想换点银子花花。"

"这么说，你那姑母是近伺宫眷了。这玩意爷很是喜欢，不知能不能再来几样？"

那人一听，一拍腿说："爷，偷卖宫器是掉头的事，小的也没有再多玩意给爷爷了。"

赵构笑笑："不急，下月今日今时，还在这里，再给爷送一件，如何？"

那人也笑了："爷爷真是大善人，又和蔼可亲，又体恤小人。得，既如此，小人斗胆跟爷爷约起。"

赵构便嘱咐人付银子，对方笑吟吟下船。

这一个月，赵构让人将德寿宫的所有官窑瓷器都清点造册，毕竟刚住进来，工作量也小，很快就做完了。隔日，他故意将名册放在明眼处，果然被前来探望的赵昚看到了，太上皇趁机说，新皇登基，要清清家底，内宫也不要疏忽。赵昚笑着点头。

转眼到了约定日，却是阴天，似有雨意。但赵构早已惦记，并不介意天气凉热，依旧坐游船出行，照例歌舞升平。这次，太上皇心思不在歌舞上，他靠在船舷上，专等约定之人的到来。

一色千年
HANG ZHOU

南宋官窑弦纹瓶　大英博物馆藏

这回吴太后也跟着出了德寿宫，见他在船舷边沉思，便靠过来。如烟往事怎能忘啊，面前平静的湖面一霎时波涛汹涌，来自东海的海风无比强劲，风声中，竟然隐隐响起了追杀声。赵构突然心悸不止，他的身体竟然微微颤动起来。

吴太后的手，放在他颤抖的手背上："且放宽心，如今天下太平。"

赵构想笑，但到底没笑出来，脸皮像不听他指挥似的。

"看，那条白鱼。"

顺着吴太后的手，他真的看见了一条自湖面跃起的白鱼，当然，那鱼再也跳不到船上来了。他终于哈哈大笑。

笑声中，一叶小舟无声出现。像上次那样，来人登船，这次手里竟是一只灰青釉洗子，唇口，直腹，平底，开裂，如网交织，如冰破裂。

赵构照例不讨价还价，大方地让随从付了银子，那人乐得合不拢嘴。赵构趁机问了对方姓名，那人毫不设防。

赵构将这些东西和它们的来龙去脉，详细地告诉前来探望的皇帝赵眘，赵眘说："遵父亲的嘱咐，近日宫中正在认真清点官窑瓷器。"

"做事年长了，马虎倦怠，也是正常事，只是现在你新皇上任，需要警戒一下。这事正好是个由头。"

"谢父亲为我着想，儿铭刻于心，永世不忘。"

随后，通过从造册中比对，那个偷盗的宫女便查到了，原来是贵妃的近身宫人，入宫多年，因做事细心稳重，在贵妃处极受器重，所以便有下手的机会。

皇后做主，将这宫人杖责三十，撵出宫去了。

这次以儆效尤的事件，在表面上有效地控制了宫人们对皇宫物品的觊觎之心。而私下里是否还有类似事情发生，不得而知。

梅子釉粉盒和天青釉春瓶

这一日,赵昚朝罢,去探望太上皇。这已成了稀松平常的事,隔一天,或者隔两天,他总要去看看那个将皇位让给自己的人。那个人,作为养父,对自己已经做到了仁至义尽;而自己,作为人子的回报,只有更加孝敬,让他晚年和满顺心。

虽然德寿宫的宫人都是从皇宫抽调去的,无论食物还是用品跟皇宫无例外,但他总是喜欢带一些东西去。有次,吃到一碟梅花酥,微微带着清香,这是跟之前不一样的,一问,才知是面里加了用糖腌制的昨冬初梅花瓣,怪不得入口清香酥脆。于是,他命人做了几碟,带着去了德寿宫。

赵构五十几岁的人了,虽锦衣玉食,但时间何尝饶过谁呢,即便南宋开国皇帝,也抵抗不了年老的侵袭。那几日,正好牙疼,半张脸都肿了,说话含糊不清,每日头晕脑涨。临安有陈氏,专治牙病,临安城但凡"齿之有疾者",只要找到他便可"易之以新,才一举手,使人终身保编贝之美"。上次他一颗槽牙坏了,疼痛难忍,命人将陈氏请进宫来,施治一番方治愈。昨日又差人请陈牙医,碰巧牙医回乡下了,要几日才会来,只有挨着。

没想到，入夜之后，疼意更盛，加上无法进食，赵构一夜之间看起来变成了个羸弱老翁。

赵眘一见，心疼至极，让人做来莲子肉糜汤，亲手喂服。太上皇吃上东西，人渐渐也精神了，加上赵眘专拣太上皇喜欢的话题，到中午，虽脸依旧肿胀，但牙痛也减轻了一半。赵眘命人将梅花酥切成小块，太上皇捏一块入口，酥碎即化，清香满喉，大声说好。

新朝皇帝知道太上皇喜湖爱山，便说："在德寿宫给父亲建造一个小西湖，那样的话，父亲不出门便有湖山入目，心情何等舒畅啊！"

太上皇一听，更是喜笑颜开。

陈牙医从乡下回来，没停歇就来到了德寿宫时，也不过两天以后，那时，德寿宫里的工人已经开始修造小西湖了。这一次，只两副药膏便将太上皇的牙疼病治好了。而赵眘，来德寿宫的次数也越来越多。

随着窑工烧制技术的提高，内窑工匠不断会烧出堪夺天工的尤物来，当然，获此天造之宝的，是皇帝赵眘。这一日，礼器局送来一个梅子釉粉盒，器形呈圆形，盒子腹下内收，圈足，釉色微亮，釉面莹润，最出彩处是盒盖，做成荷叶形，尖唇，宽弧沿向上翘起，整个形状酷似覆盖的荷叶，蒂形纽盖面上，刻着阳纹荷叶筋脉，筋筋有骨，脉脉相连，凸凹有序，虽然看起来略微欠缺火候，但这栩栩如生、飘然欲飞的荷叶形状，完全可以忽略欠烧的缺陷。赵眘知道，不止自己，估计宫眷们都会喜欢。是呀，这么别致的器物，又有谁会不喜欢呢？

下次去德寿宫，赵眘就把它孝敬了吴太后。果然，她非常欢喜，痴看了半晌，笑道："皇儿日理万机，还不时记挂着母亲，真乃幸事。"

一时两人闲坐，一件器物的到来，竟然唤起了沉寂的母子情意。赵昚想到吴太后对自己的好，而吴太后也想起当初养子入宫时的情形。

"你当初入宫时，虽然瘦弱，但善良又懂事理。"

"我那时让母后失望了吧。"

"你打小善良，见一只猫被踢，竟然蹲下去抱起来。"

"世上万物都是平等的生命，猫也不例外。母后，你看这粉盒，不要看它不会说话，没有表情，其实它也跟我们一样，有父母兄弟，有热爱和理想，懂得努力，做最好的自己。"

吴太后笑了半天，说："我儿真是通透之人啊，江山和百姓，有这样一个体恤的皇帝，都有福了。"

赵昚低头说："太后谬赞，儿只是做好父亲托付的事而已。"顿一会儿，又问："太上皇早几日牙疼，没有出游的意思；现在，牙疼都好了一段时间了，怎么不见西湖的游船开动啊？"

太上皇后低声道："这里面是有缘故的。"

原来，上次游湖，兴致盎然，一时忘了时间，游船到了钱塘门外，已过了中午，太上皇方感觉肚子饿了。随行的侍从说，附近有家菜馆，鱼羹味道远近闻名。太上皇赵构玩心又起，便命人去买。没想到那买鱼羹的厨娘，竟亲自将烹饪好的鱼羹送到了游船上。赵构一尝，果然满口余香，便好奇鱼羹的做法。那厨娘不紧不慢地说，这鱼羹最关键的一步是剔骨剔刺，要干干净净，不留一根。说了这一句，她便低头沉默。

赵构疑惑，再问时，却见厨娘满面泪水。赵构便问："难道做鱼羹让你悲伤吗？"

厨娘哽咽道："看到天下人南北骨肉分离，我才创作了这道鱼羹。鱼羹卖得好，人们都喜欢喝。原本，我是想提醒吃鱼羹的人，不要忘记北方破碎的家国，不要忘记南北骨肉分离。可是，这些人只贪着嘴里这口鲜美的鱼羹，从不理会我的苦心。"

赵构听罢，千头万绪的国事纷纭而至，让他一下子失去了对鱼羹的兴致，脸色渐渐凝重忧郁。侍从见此情形，连忙将厨娘送下船。

那次西湖回来，太上皇跟太上皇后说，连一个小小的厨娘都在指责和仇恨我，看来，天下骂我的人很多了。那夜，他辗转反侧，难以入睡，第二日便开始牙疼。这不，小半个月了。

赵昚听完缘由，沉吟不语。

小西湖很快就建好了，上有万寿桥，中央有四面亭，湖畔垒石为万岁山。小西湖周边有聚远楼、香远堂、清深堂、松菊三径、梅坡、月榭、芙蓉冈、浣溪等景观。最令赵构满意的是，小西湖的水经过蜿蜒的水渠从西宫墙引入，一路上叠山理水，出现了无数挂小瀑布，高高低低，缓缓急急，细细幽幽，景致各异，各得奇趣。自此后，太上皇赵构就很少出游了，他对着面前的小西湖，

第三章 泥土里迸出的光芒

郊坛下遗址出土的玉壶春瓶

研读书法妙义，吟诗作画，饮酒斗茶。巨大的水车轻轻地升起，又落下。那时，他觉得生活是如此安逸、平静。桌案上，一道幽幽的宝光正在缓慢地射过来，那来自一只春瓶，里面装着自酿的美酒佳酿。

破碎山河里的一壶春色

太上皇赵构从未想到,自己在晚年会如此沉迷一件事情。也或者,自己原本就是这样执拗而满怀理想的人吧,只是人生前几十年没有这样的机缘来实现真正的自我。在令人头疼的执政期,他曾无数次想过,如果父亲和兄长不被金国掳去,他是不是就可以轻松地过完一生,做自己想做的事,远游、打猎、制琴……作为王爷,他既不用为国家兴衰担忧,又不用担心花费多少,那么,他可能会自己建一个小窑口,做一个制瓷师也是有可能的。但命运并不顺从他的意思,乃至掀开完全相反的一页,那一页,仿佛白茫茫的水面,他提心吊胆地站在上面,屏住呼吸,不敢动弹,即便如此,他还是会在不留神的瞬间被大水吞没。而今,他终于卸下重担,那个被掩藏已久、跃跃欲试的自我,如猛虎般重又回到体内。令他遗憾的是,自己年龄大,精力不逮,许多事已力不从心,他不能骑良驹入茂林,去与野兽争锋,更不可能整夜整夜不合眼,去等候一窑新瓷。只有酿酒师,这个若隐若现的位置,像一直静静地候在那里,等有一天被他想起,然后,天衣无缝地合二为一。

对酒的迷恋,大约是赵构骨子里觉得最浪漫的事。从汴京到临安,酒一直是他最好的伙伴。他对酒器的挑

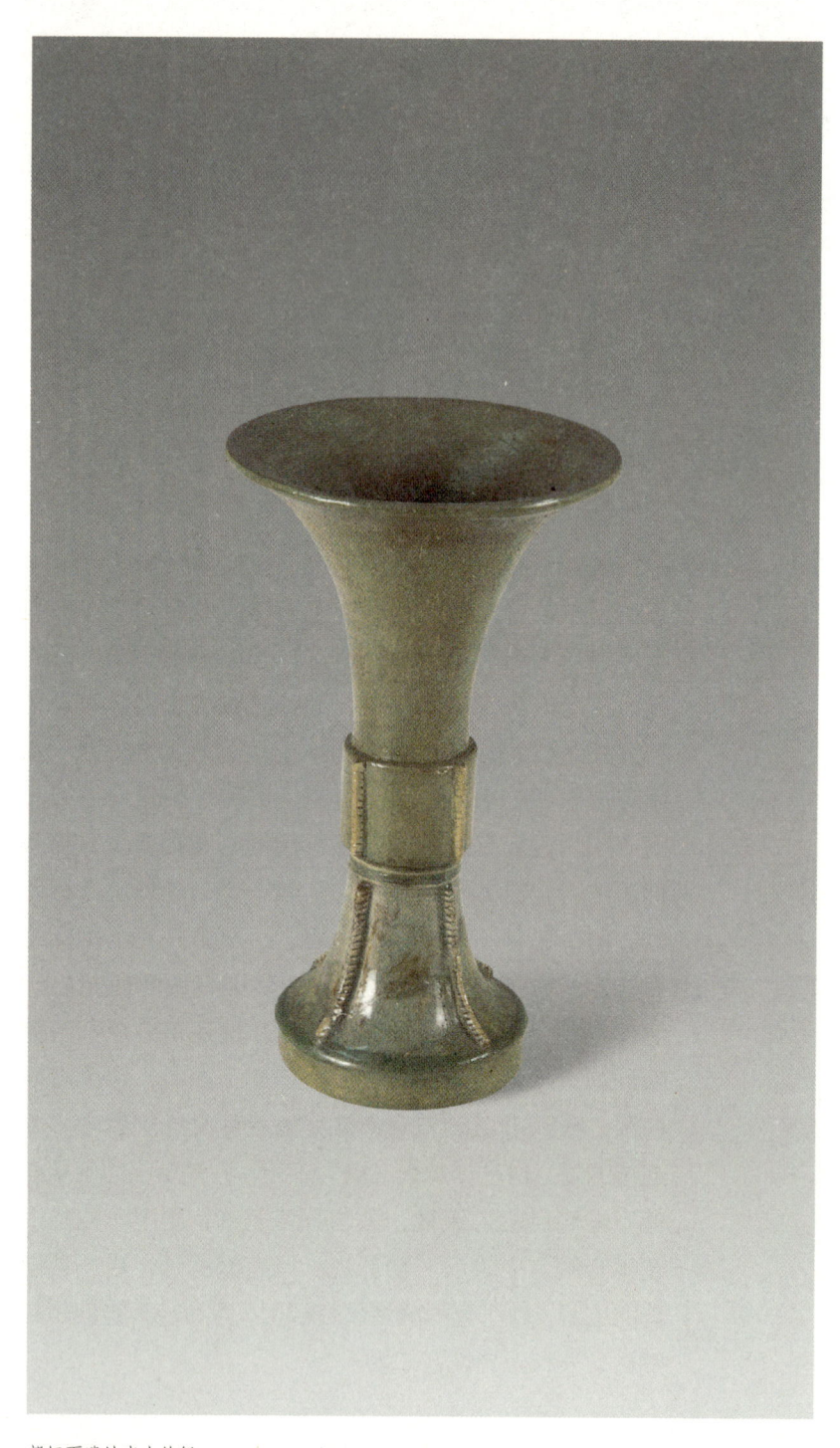

郊坛下遗址出土的觚

剔，也令礼部的人特别犯难，他们命令官窑的工匠们，要不惜成本和代价，在借鉴古器的基础上，积极创新出既优雅高贵又别具一格的酒器，来满足赵构挑剔的喜好。那些造型多样、手感清凉细滑的杯、盏、盅、樽等酒器，一改以往器形大、笨拙的特点，更加小巧顺手，加上釉下不规则的开片，特别是清酒入杯，杯中恍惚涟漪重重，让赵构每每不忍饮下。他喜欢温热的黄酒萦绕舌根的那份甜味，也喜欢清凉的白酒入喉后那股甘冽。除去宫中的蔷薇露酒和流香酒，他也喝过蒲中酒、苏合香酒、鹿头酒等天下名酒。现在，他要在德寿宫酿造自己的酒了。

　　作为儿子的赵昚，初登皇位时的豪情和气魄，在临安的暖风中渐渐吹淡，吹散。北伐失败，加上朝臣的各种议论，他的万丈雄心变成了无边的遗憾。他越来越顺从命运的安排，原本犀利的目光蒙上了忧伤的阴影，再不会投向遥远的北方故园。他开始享受此刻南宋的兴盛，不知不觉步父亲的后尘。他对太上皇也更加孝顺，只要赵构说出，他一定有求必应。这不，听说父亲要酿酒，便专门配备了一名技艺高超的酿酒师傅。但在太上皇面前，他只能是酿酒小工了。临安最好的三白泉水有人给运来了，南方最好的惠山大米也送来了。在德寿宫，酿酒师赵构大展宏图，开始了他的酿酒生涯，泡米、串蒸，按比例加酒曲，按时搅拌，密封、发酵、蒸馏……每一步他都亲自参与，亲手制作。比起之前的闲适，这段时间，他过得极为充实，他第一次觉得当一名工匠原来是幸福的，特别是出酒之时，那种喜悦和满足感更是天下无双，无以比拟。

　　赵昚带来了官窑新出的仿汝窑梅瓶，盘口，短颈，圆肩，斜腹内收，暗圈足。赵构一看，可不是藏酒好器吗？拍手道，好马好鞍，好酒好装。

这一日，赵眘也加入了酿酒师的行列，只不过，他没有经过前面的几道工序操作，但最好的出酒过程，他既看得心醉沉迷，又干得热火朝天。那酒入了瓷尊，用泥封了，上面印了两个字——"上品"。

从此，上品酒不断出现，每次赵眘去请安，都会喝到父亲亲自酿造的酒。春天，是温好的米酒；夏天，是雪浸的白酒。作为酿酒师的赵构，更是日日离不了这些酒，早上的酒叫醒酒，午后的酒叫品酒，睡前的酒叫卧酒。他徜徉在各种酒香中，度过余年的晨昏。

临安的春天来得早，一夜寒风尽。清晨，黄鹂站在枝头婉转，掀帘时，窗外的柳枝上不知何时冒出了嫩芽。不过几天，德寿宫的迎春花起头绽开，接下来，春天便倾囊而出。这一天，赵眘带着皇后和太子赵惇一起来拜见赵构。一入德寿宫，便见小西湖湖畔绿树摇曳，鲜花盛开，蝴蝶翩翩，好一派大好春光，其美色一点也不逊于宫外的西湖。

赵构知道，儿子每次都不会空手来，便问："带好吃的来了，还是好玩意来了？"

赵眘便笑了，说，今日有了盛酒的好器，边说边让人将东西呈上。赵构一层层打开包扎的黄绒，眼前是一个玉壶春瓶，敞口、圆唇、长颈、溜肩、球腹、圈足外撇，整个瓶呈青黄釉，釉色匀称，光洁如玉。太上皇将它拿在手上，把玩了半天，惊喜道："好好好！这玉壶春瓶好！遍布泥鳅走泥纹，通体金丝铁线百圾碎，好！"

回头又问孙子赵惇可知道玉壶春瓶的来历，赵惇当然会装作不知，人老了也喜欢炫耀自己的见识："唐时有'玉壶买春，赏雨茆屋；坐中佳士，左右修竹'的句子，这玉壶春瓶啊，就是由此而来。"

一行人走出殿门，开始在德寿宫游春。先是看抛绣球，荡秋千，看了一出戏，便登上御舟，在水色宜人的小西湖行游，随行载满酒食、水果和艺人的小舟，一路行来一路乐。酿酒师赵构自酿的美酒，早已盛在了这方玉壶春瓶中，它就像天下所有美好事物的源泉，美酒连同美人、美景源源不断而来。此刻，在这小西湖的宫船上，祖孙三人，欢歌笑语，早已醉成一团，仿佛整个世界就在这小小的壶中，就在这小小的船上，就在这小小的西湖，他们被现世这浓浓的美好重压着、麻醉着，浑然将过往消散得一干二净，也压根儿不想为未来而担忧什么。

第四章

日落之时
的祈祷

郊祀前奏

初冬，繁霜凝树，花叶瑟瑟。

夜晚来临，薄凉的空气中飘荡着植物淡淡的香气，分不清是花草香，还是脂粉香。生活在临安的人们，已经习惯了每日嗅着熟悉的香味，沿着十里御街，去往茶坊酒肆，提壶买茶，或者与三两好友聚会，谈事论情，吟诗作赋，买卖交易。御街上，诸行百市，大小店铺，吆喝声、问询声，此起彼伏。中街处琳琅满目的各种商品和玩意儿更让人流连忘返，银匠铺里叮当作响，那声音，清脆得像泠泠水滴。而北瓦集市的勾栏，更是彻夜灯火，丝竹管弦，莺歌燕舞，说唱声、叫好声，声声不绝，整个临安城仿佛抖动在时间中的锦缎，色彩斑斓，熠熠生辉。

这是绍熙二年（1191）年十一月，距赵构从济州南下，在南京应天府即位，已过去六十四年了。南宋政权经过两代皇帝和臣僚们的惨淡经营，于外忧内患中明哲保身，并在各方面积极完善和修复，使整个国家初具气象。南宋的第三任皇帝赵惇，被命运推到了至高宝座。此时，在树木葳蕤、花草繁盛的凤凰山皇宫之中，赵惇即将迎来自己即位后的首次郊祀大礼。

第四章 日落之时的祈祷

自古以来，皇室郊祀都是当权者十分重要的一项礼仪。皇帝作为人间皇权的最高统领，承担着与天地大神会晤的主责，不仅要与之达成某种默契，而且要将自己及民众的诉求和愿望毫无保留地交付苍天大地，从而获取它们的护佑，达到人间风调雨顺、万民同安的目的。对于这一天的到来，赵惇盼望已久，比任何人都急迫。郊祀大礼标志着自己作为当权者被赋予的最高地位和最大信任，同时也表明自己真正承担起王朝未来的使命，它的发展前景、趋势和走向均在自己的把握之中。当然，在性格懦弱的赵惇心里，那份忐忑和骇怕从未减少过一分，虽然有多少如芒在背的慌张恐惧，但都会被表面呈现出的威仪、庄重、凌厉乃至残忍所遮蔽。这些东西是他的隐身衣，替他展现至高无上的皇权，很好地掩住他的懦弱和惊恐。没有人知道，夜深人静之时，他冷汗淋淋，辗转难眠，后宫的明争暗斗、你死我活，朝臣们咄咄逼人的进谏……明日，就像一道套在颈间沉重而无法挣脱的枷锁，让他窒息、头疼，身心俱疲。他很明白，作为一国之君，这是最不应该有的一种消极心态，他幻想自己在一夜之后成为秦皇汉武一样的君王，驰骋疆场，运筹帷幄，心胸阔达，行事利落，识人善辩，体恤民众，被人拥戴。当晨光熹微，他从浅睡中醒来，头疼欲裂。那一刻，他更多地感觉到来自深处的窥探和威胁。

郊祀大礼是历代王朝都要进行的国家重大典礼，南宋王朝自宋高宗赵构时期起，就严格遵守着"三年一郊"的陈规。经过几十年时间，朝廷自北迁南，其间经历种种困厄和伤痛，皇室更是摇摇摆摆，受国家财政缩减的制约，朝廷确定将前朝的十三种郊天之礼，逐年合并减少成两种，把冬至圜丘和明堂作为皇帝亲祀的主要场合。皇帝亲自祭祀天地的次数变少，意味着，祭天地仪式所承担的责任也就越重。

郊坛下遗址出土的樽式炉

早在赵惇甫一登基，朝廷就开始筹备这次大礼之需。新皇上任，人心重聚，气象更新，对未来之途所遇之艰，更觉雄心满满，所以，与天地接洽成为十分重要的一项大事。为做出与前朝截然不同的高蹈姿态，表明新朝之朝气蓬勃、风华正茂，礼器制作成为祭天仪式中最大的一笔开支，即便财政吃紧，朝廷依旧下令新制礼器，以示对天地、臣民的恭敬和爱戴。

作为前朝老臣，宰相之一的留正极受赵惇信任。留正建议，为提升礼器质量和品相，在保持新、奇、特造型的同时进行大胆改良，负责礼器制作的太常寺，最好对内窑目前承担主责的工匠和师傅重新进行筛选和选拔，可以清退一些年老力衰者，新聘一些技术过硬、年富力强者，特别是要招收具有创新意识的工匠，必要的话，可从江西、河南等地寻找能工巧匠。而另一位宰相葛邲，却建议新皇在礼器制作上要勤俭节约，只用旧工匠便可，远不必更弦易辙，大费周折。

郊坛下官窑作为宫内专门制作礼器的地方，经过三朝更迭、几代工匠的传承和创新后，早已脱离对照御府《博古图》来模仿制造器物的初级手段，对诸如鼎、鬲、甗、簋、簠、盨、敦、豆等食器的制作，器形、尺寸大小以及烧制成色更得心应手，烧制经验也足够丰富。当然，对于相对精细小巧些的酒器物，爵、觯、觥、尊、卣、壶、斝、罍、觚和铙、钟等乐器制作，还是特别小心。面对这种情况，赵惇动了更换工匠的心思。

荷叶汤盅的风波

这一天,赵惇心情大好,信步来到黄贵妃处,饮酒品茶,吟诗作画。突然愁烦涌上心头,便将内窑之事说与黄贵妃。黄贵妃听罢,笑笑,边研墨边看着他,说:"官家,这些小事就交给留正他们做吧,龙体保重要紧啊!"

黄贵妃是赵惇最宠爱的妃子。前段时间,她生了一场病,面黄肌瘦,不吃不喝,眼看着如花般凋零,赵惇心疼不已,不顾李皇后的冷嘲热讽,让御医为贵妃用尽各种名贵药材。可是,贵妃的病却不见好转,且骨瘦如柴,躺在床上,握着赵惇的手说:"官家,我的性命不久矣,希望官家在我离世后,保重身体。我泉下有知,会乞愿官家江山永固、一世平安的。"赵惇听罢,涕泪交加,心如刀割,他安慰道:"贵妃不要担心,我要寻遍天下名医,为你治病。"第二天,在临安城张榜公告天下,不久真有人揭榜前来,并医好了贵妃的病。贵妃刚刚病体痊愈,此时愈加柔媚可爱,因为替皇上研墨,微微出了汗,双颊红润可爱,倒跟他前阵子赐给贵妃的《红梅图》里的红梅有一比了。《红梅图》是宫中收藏的杨无咎的画,赵惇在赠予贵妃时,在上面题下"去年枝上见红芳,约略红酥傅浅妆。今日亭中足颜色,可能无意谢东皇"的诗句。见这个善解人意的女子替他解忧,赵惇一时觉

第四章　日落之时的祈祷

郊坛下遗址出土的荷叶形器盖

得，换不换工匠，乃至怎么制作礼器，用什么工匠制作，还真不是什么大事。他对面前这个女人越发心动，禁不住要去抓住她那只研墨的小手。

门外却闪进一人，原来是跟随皇上的贴身宦官，但见他走近前来，缩着肩，将手捂在赵惇耳边，如此这般说了几句，低头退下。赵惇听罢，脸色突变，来不及跟贵妃告辞和解释，转身便走。

赵惇最惧怕的人，是他的皇后李凤娘。这个女人从不按常理出牌，所以也常常做出一些匪夷所思的事，教人出乎意料之时还会骇胆惊心。《红梅图》被赵惇送给黄贵妃后，皇后妒火中烧，那几天，缠着赵惇封赏李氏宗亲，赵惇不答应，她便不停地发脾气。作为对她的体恤和示好，赵惇将一碗燕窝派人给皇后送去，皇后竟然一掀手，将盛在饭盅里的汤打翻在地，她都没看见，那个汤盅是皇上常用的食器。当日，官窑专门烧制了一批碗、杯、盘、壶、罐、盆、瓶、炉、盒、枕等燕器，太常寺送到宫里，让皇上过目。他一眼就看到那个汤盅，恰巧李皇后的手也伸了过去，两只手在那里迟疑了半天。当然，皇后还是给了皇上面子，笑吟吟将手又往旁边一闪，触到另一个轻巧的瓷杯。几个月后，这个汤盅成器摆在赵惇面前，他看到面前这只浅浅的汤盅，像一片荷叶，泛着蓝绿色的光。它釉层轻薄，釉面滋润，摸上去仿佛一块金玉，温润、光滑，不规整的冰裂纹布满全身，欲开又合，欲隐又现，而盅盖上的纽更是被精巧地捏塑成一颗莲蓬状，于是原本是实用器的汤盅，顿时就成了观赏器，艺术感倍增，让赵惇爱不释手。从某种意义上讲，这汤盅是两个人一眼相中的。所以，赵惇明里是赐给李皇后燕窝，实则是将自己心爱之物送给她，言下之意一目了然。所以，当宫女将荷叶汤盅的碎片呈给赵惇时，他竟然泪光盈盈。那一刻，他心里涌起汹涛骇浪。他看见自己跟皇后这么多年的情意，已经被打碎了。他缩着肩，哭了好一会儿。

当然，碎归碎，两个人还是夫妻。皇后常常将"我跟皇上是结发夫妻"这句话挂在嘴边，不止在太上皇和太上皇后面前说，也在皇上的那些嫔妃面前说，仿佛这就是她的金书铁券。

既是结发夫妻，到底也是有感情的，这不，官人来报，皇后已经在日殿等候多时。赵惇急匆匆回去，皇后笑吟吟坐在那里，正在喝茶。见皇上进来，皇后施礼道："官家，妾是来给官家道歉的。"见赵惇面无表情，她说自己要让宫外进贡一只比那只汤盅更好的来。赵惇还在沉吟，性急的皇后边拉起赵惇往外走，边让人备车，要到内窑，亲手赔给皇上一只汤盅。赵惇直愣愣地被她拉着，不知她葫芦里卖的什么药。直到宦官上前来，不知所措地扶他走，赵惇还怔怔不语。

常日里，皇上是很少到内窑现场的：一来，这里环境杂乱，泥水混流，烟熏火燎；二来，内窑里除去作坊，就是几座塞满柴火的龙窑；三来，这里的匠人都是赤裸着上身劳作，因为他们在挖土、捣土、拉坯、入窑、烧火、出窑的过程中，一直在高温和汗水下劳作，所以衣衫于他们来说，基本是无用品。现在，皇帝皇后突然到来，让他们慌了手脚，他们到处找能披在身上的东西，蓑衣、抹布，有人竟然拿一把扫帚挡在了胸前。当然，更多的人来不及找，就将泥水抹到身上。看到他们齐刷刷跪在车辇前，赵惇才回过神来，吓得一惊。李皇后看他可笑的样子，扑哧就笑了。

"这是……"

"来给你做汤盅啊！"

南宋官窑套盒

"起驾回宫吧。"

见皇上歪斜着身子,并没有下去的意思,皇后觉得自己目的也达到了,便吩咐起驾回宫。

那天夜里,赵惇梦到了那个死去的宫女,她泪盈盈地看着他,然后伸出自己的双臂,鲜血淋淋之间白森森的骨头支棱着,吓得他从梦中惊叫着醒来,涕泪横流。

赵惇极其悔恨自己的大意,特别是那次在皇后那边饭后发生的事。当时,皇后命人端水过来替皇上洗手,赵惇因为多饮了几杯,醉眼蒙眬,看到一双雪白的小手伸过来。那双手肥瘦匀停,十指尖尖,触到他的时候,他感觉那就是菩萨的手,凉中带暖,柔中有情。他不禁吟出《诗经》里那句"手如柔荑,肤如凝脂",好啊!

但在李皇后面前，他也从不放肆，生怕做出一些被皇后厌恶的事。所以，虽然他特别想把那双手捧到脸上，让它们去摩挲自己，但还是克制着什么也没做。但没料到，就这无意的举动，被皇后看在眼里，恨在心上。隔了两天，皇后派人送来一个食盒，赵惇打开一看，居然是那双熟悉不过的小手。那小手，仿佛要从金黄的织锦之中伸出来，碰到他的双颊，他感觉到一阵寒凉，大叫一声，晕死过去。

这样的闹剧，其实已经不止一两次了。

赵惇每每想起，抖如筛糠，惊恐万分。而现在，看到这次皇后轻易就放过自己，他猜测过不了多久，皇后会用更加离奇古怪的伎俩来报复和惩罚他。为免去皇后对他的怨恨和惊吓，他回宫以后，批准了一直悬而未决的对李氏族人的封赏。那李皇后趁机再次归谒家庙，推恩亲属26人，有172人授为使臣，连门客都荫补为官，这种恩荫之滥，在南宋立朝以来独此一例。

兽耳觥的魔魅

关于内窑的工匠问题,就在皇上的摇摆之中无限期地延长下来了。朝廷对内窑的支出无增无减,一切都照着原来的样子延续下来。在朝堂之上,关于这个问题,留正奏过两次,葛邲也同奏两次,皇上的回答模棱两可。他更多的时间,消耗在怎么应付皇后这个难题上。

这期间,他也曾有将皇后废掉,并把她的亲信全部杀死,来一个釜底抽薪的设想,但他优柔寡断的性格,导致事情永远耽搁在谋划阶段。他越来越疑神疑鬼,天色渐暗,便会入寝,虽然他的屋里屋外,把守着层层宫人,但他依旧会察觉到阴风和某种邪气的试图靠近。

这天黄昏,他又早早躺在床上,甫一合目,面前便人头攒动。他的两个兄长骑马而来,大兄目不斜视穿过,二兄却一直注视着他,眼里充满怨恨和忧伤。赵惇害怕地躲开他的目光,心里却翻江倒海。他又来到一处花红柳绿处,有小桥、流水,一些宫人正端着果盘花瓶忙来忙去,有人高声喊:"恭王留步!"回头,却是自己的二兄魏王赵恺,但见对方身形消瘦,双眼无神,无比虚弱。光宗惊诧:魏王卧榻久病,今天怎么到户外来赏花呢?更奇怪的是,他的右臂之中,竟然抱着一个兽耳觥,左手夹了两个青瓷酒杯，看来是要饮酒的样子。见赵惇畏畏缩缩的样子，魏王便开口了："今日高兴，想跟恭王畅饮几杯。"说着，将酒杯放在桌案上，倒满，自己举起一杯，对着正在缓缓坐下去的赵惇道："好皇帝，念咱们兄弟情分，请将我儿赵抦立为太子吧。"赵惇的屁股刚碰到石几，这时惊得复又站起，嘴里嘟囔道："不能啊，不能的，我还有皇子呢。"话尚未说完，魏王手里的酒杯扬起，没有任何声响，人却轻飘飘躺到地上去，清寡的脸上，像酒杯上的冰裂纹一样，横七竖八地开了片。赵惇左右抓挖，好不容易找到一张黄表纸，又惊又怕地盖在那张开裂的脸上。赵惇似醒未醒，大叫着"来人来人"。守卫的宫人连忙将幔帐掀起，不住地低声喊："官家，官家，醒醒。"赵惇大汗淋漓地从梦中醒来，第一眼就看到面前绣着龙凤的幔帐，仿佛魏王脸上那张黄表纸，他一下子跳起来，去撕扯幔帐，宫人们连忙阻拦，那金黄的幔帐却早已被撕得七零八落。

赵惇汗淋淋地坐在那里，呆滞的目光扫过眼前的一切，座椅、桌案、凳子、花瓶。桌案上，昨夜的残酒尚未收拾，他看见盛酒的觥，那是一个内窑烧制的兽耳觥，敞口，阔檐，鼓腹略垂，方足，觥柄鱼形，整个觥身施灰青釉，釉面清亮透明，纹片疏密有致，在烛光下熠熠发光，跟梦中魏王怀抱的那个兽耳觥一模一样。赵惇大惊失色，一头钻到锦被里面，指着桌案喊道："拿走，拿走！"

酒器和杯盘撤走了，桌案之上光净如初。但也不行，赵惇老看见那个兽耳觥，裂片规整，颜色清幽，好像魏王的眼神，正透过那些开片的裂隙处，泛着悲切而冷寂的光。那兽耳觥就像粘在桌案上一样，睁眼闭目之间，它都在。赵惇命人将桌案也撤走，又换了新的桌案，才安稳了几天。但从此之后，他不能看到兽耳觥，无论是什么窑口的，只要是同一形状，他都会察觉到诡异的冷光，让他惊悚、颤抖，忍不住流泪。

赵惇第一次明白，原来器物也是有灵魂的东西。那兽耳觥就是死去的魏王，他只有躲开，才能不受到魏王的纠缠。

而他躲不开的，是更多的繁文缛节，人世纠结。

南宋朝廷的瓷艺创新

这一天，太常寺呈来一件八卦熏炉，整个器形敦实可爱，端庄大气，颜色粉灰，包浆匀称，开片有序，熏炉盖方唇平沿，精美的镂空八卦纹成为熏炉的出烟孔，既实现了熏炉的实用功能，又将美妙的奇思赋予其中。赵惇在大赞工匠巧妙的同时，又感觉这件器物的釉色跟以往所烧的瓷器有所不同，一问，原来内窑工匠偶然发现，之前的薄胎薄釉，有时会出现色泽不匀的问题。为此，经过多次试验，改为薄胎厚釉，同时增加了素烧工序，也就是将未施釉的生坯入窑低温烘烤，然后再出窑，在生坯上上釉后，再进行多道工序的釉烧。这样一来，出窑瓷的硬度和玉质感同时加强，光泽度和耐受度都得到了改善。

无论是皇上、留正还是太常寺的官员，包括内窑的工匠，都为找到这一全新的烧制技艺而欣喜若狂。万万没有想到的是，他们在陶瓷史上这次伟大的创举，为以后近千年的陶瓷烧制工艺开了先河。

在朝廷的允准下，内窑工匠开始采用新的制作流程来烧制器物，素烧这一流程增加了坯体的强度，不易烧坏。同时，在素烧过的坯体之上上釉，也不会因坯体浸湿而散

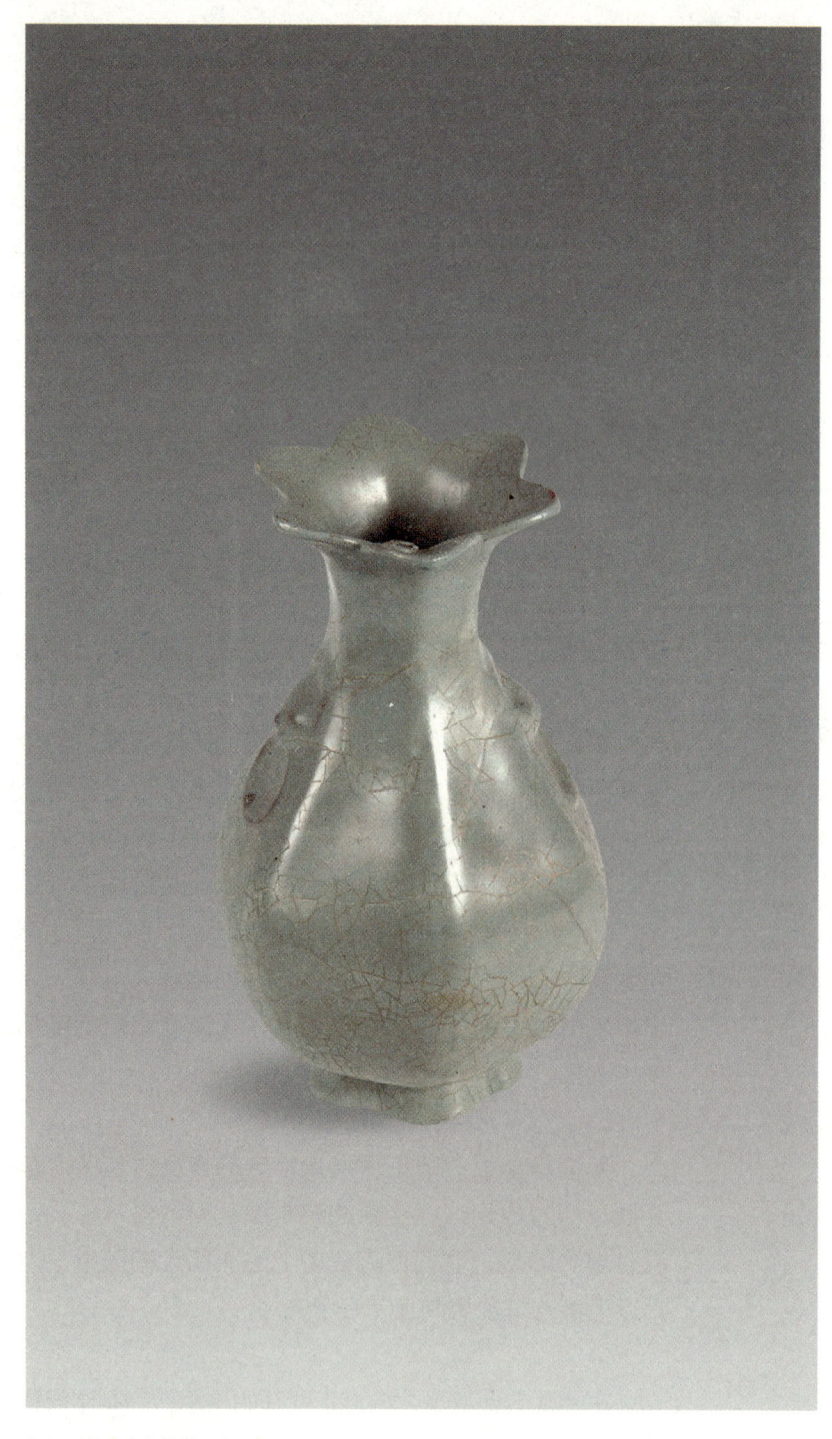

郊坛下遗址出土的花口瓶

裂或塌陷，极大地减少了废品和次品率。当然，因为是试验初期，工匠掌握不当，残次品也多次出现过，但按照内窑惯例，没有经过验收的瓷器，出窑时便要毁掉，在窑外挖坑深埋，留下烧制完美、无瑕疵的合格礼器，呈给皇帝进行最后的把关验查。其实一般到了这个步骤，也就是一个形式而已。

内窑夜以继日地进行祭器的烧制，终于接近尾声。太常寺列了单子，详尽地记录了礼器数量和名称，包括食器、玉器、乐器、酒器、水器和杂器。食器包括鼎、簋、甗、鬲、俎、豆、簠，玉器包括璧、璋、琥、琮、圭、璜，乐器包括钟、铙、鼓、钲、磬，酒器包括爵、角、觚、觯、斝、尊、壶、卣、方彝、觥、盉、盉、罍、缶、斗，水器包括盘、匜、盂，杂器包括罐、箕形器、方形器。近万件瓷器，是内窑工匠用一年多时间烧制出来的，一眼望去，线条流畅，幽光四溢，极其精美。瓷器颜色因为窑变温度不同，呈现出或深或浅的颜色，裂纹更是大小不一，长短不齐，有疏有密，有粗有细，有长有短，有曲有直，形似龟裂、蟹爪或冰裂。它们构成了青瓷身上优雅而华美的图案，让每件礼器都具有不同的美感，仿佛千人千面，各有不同，但那种千姿百态的美还是令人心动不已。赵惇看在眼里，喜在心上，他抚摸过淡泽清幽、温润如玉的瓷身，那种如梦如幻、深入骨髓的舒适感，让他不禁笑出了声。

第二天，他将宰相留正召进宫来，无比欣喜地将自己所见到的礼器及内窑新的烧制技术重又复述了一遍。他忘了，留正是那时站在他旁边，亲眼看到，亲耳听到皇帝给内窑下令的人。在宋孝宗时代，留正曾任端明殿学士、签书枢密院事、参知政事、同知枢密院事。他被宋孝宗称为"纯正、忠诚，可以依托"之人，赵惇在太子位时，有次拜见皇上，正好遇见留正，但见他仪表整洁，姿态端庄，看起来就是一个自律而有品味的人，便对左右人说："仪表如此整洁，留正值得点赞！"一眼之缘让赵惇对留正喜爱不已，后来，留正兼任了太子左谕德职务。赵惇即位后，留正自然成为皇帝的左膀右臂。但赵惇的懦弱、犹豫、疑神疑鬼、反复无常，让留正极其失望。此时，看到皇帝如此高兴，作为老臣的留正，即便心里有多少想规劝皇帝的话，都吞咽回肚子里了。

倾覆的祭典

冬日的临安渐渐呈现出萧瑟之气，虽然绿树依旧茂盛，适令的鲜花依旧盛开，但夜里落下的雨里全是湿冷和凄凉的味道。早上起来，窗外薄雾迷蒙，仿佛在酝酿一场关于寒意的阴谋，赵惇感觉心慌不适。再有十天就是郊祭正日。身边的官人禀报，请皇上和大臣去看牲、省牲，也就是去察看祭祀用的牲畜。赵惇极不情愿出门，便说，自己头有些疼，请三位宰相代他去察看吧。官人又呈上百官受戒名册请皇上审阅，赵惇也一并推给宰相留正，转身回到寝宫，躺在榻上，睁着双眼，直盯盯地看着幔帐上那些飞龙舞凤。

皇后听说他龙体欠安，便前来安慰，见赵惇仰躺在床上，一个宫女正轻轻地揉搓着他不适的胸口，皇后心里便有些不爽；但念在皇上身体不适，所以只是将宫女推到一旁，自己亲自替赵惇揉搓胸口。

赵惇有气无力地说："你看，前次父亲说在民间找到治心慌的秘方，内宴之上要给朕，可惜一直也没吃上，也不知疗效怎样。"

李皇后凤眼圆睁："官家真是大好心肠，那药明明

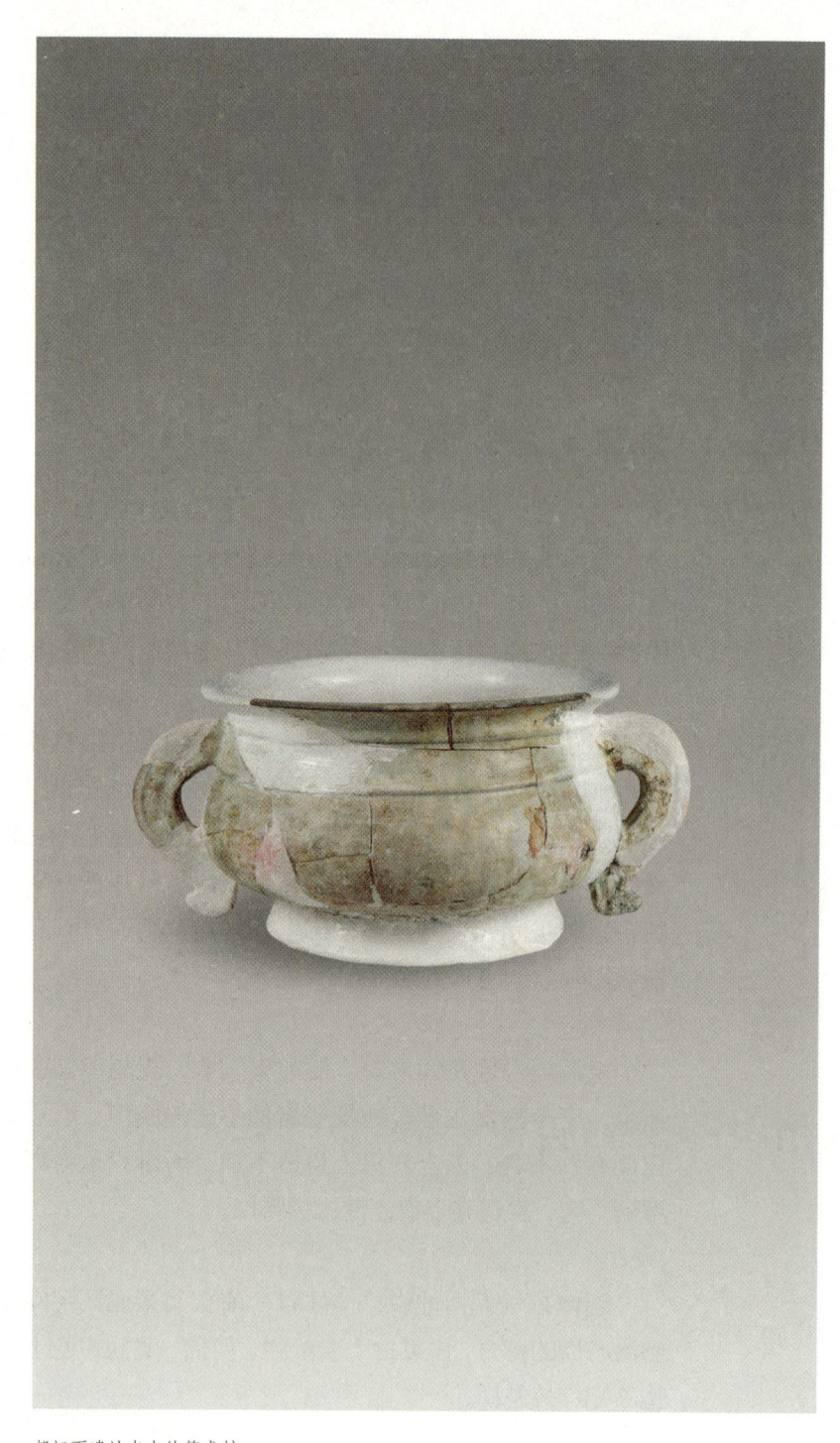

郊坛下遗址出土的簋式炉

是置你于死地的毒丸啊，你还不明白吗？我已多次跟寿皇说，让立咱们的儿子嘉王为太子，他就是千般不答应，给你服用大丸药，明说是治病的，暗地里就害你没命，让你二哥魏王的儿子早点继位。"

赵惇长叹一口气："就因为你这样说，我也开始怀疑父亲的用意了。以后，我尽量少去重华宫吧，免得再节外生枝。"

正好宫人端着一碗药进来，皇后一看，赵惇现在像一只小猫一样听话，心下大悦，便将药碗接过来，吹温了，用勺子一口一口喂他服下。

虽然赵惇一直在盼望着郊祀大礼的到来，但他也一直在逃避作为大礼亚献在祭祀天地前必须担负的监察等要责。好在，群臣们对这次大礼也充满了恭敬和紧迫感，确保了郊祀大礼如期举行。

祭祀大事，恐其失礼，先告之以失礼之刑而誓戒之也。十一月二十六日这一天，按照皇家礼仪圭臬，皇帝及皇族成员要去太庙受誓戒。受誓戒之后，皇帝不能入住后宫，要去郊坛附近的斋宫住宿。赵惇终于松了一口气，一种走出桎梏的轻松，让他觉得眼前天地开朗，河山大好，头疼、心慌等症状也全都消失。一时，他对明天和未来信心满满，势在必得。虽然宫人一再请他早些休息，养精蓄锐，但还是遭到赵惇的拒绝，他感觉自己气定神闲，精力充沛，披了件衣服在园中闲逛。秋冬之交，园子里只有菊花开得热闹，泥金香、紫雪卧龙、雪海、玄墨、仙灵芝……面前的菊花品种数不胜数，在宫灯下，呈现出一种温柔娴静的气质。看着它们，赵惇想起了黄贵妃的明艳，如果她是花中之菊，会是哪朵呢？对，眼前正好是一朵朱砂红霜，微风中，轻轻地向着他点头，又仿佛微微抖动着,像在哭泣,又像害怕。

有人低低地说:"官家,有要事相报。"

赵惇突然一阵心痛,他捂着胸口,扭回身,斋官跪在地上:"宫内传来消息,黄贵妃暴卒了。"

"什么?你说什么?"

"宫内传来消息,黄贵妃暴卒了。"

仿佛惊雷震响,万箭穿心,赵惇脸色煞白,浑身颤抖,眼前一黑。

他不信,活生生的黄贵妃,言笑晏晏的黄贵妃,善解人意的黄贵妃,在一夜之间,竟然无疾暴卒。他疾跑几步,大喊着要回宫。

"官家,丑时就要举行大礼,请三思啊!"

他怔住了,方想起,自己是一国之君,即将去拜会天神,根本没时间赶回宫中,去追究黄贵妃的死因。

他颓然蹲坐在地上,双手掩脸,双肩抖动,无声的泪水冲出他的指缝。

丑时七刻,星月同现,夜色澄明。一夜未眠的赵惇擦干泪水,强打精神,木然地被摆弄着,穿好礼服和礼冠,拿起玉圭。

面前的郊坛灯火通明,在鼓乐声中,他沿着午阶向着那上帝、配帝、大明、夜明、星辰、云、雨、风、雷

第四章 日落之时的祈祷

郊坛下遗址出土的八棱弦纹瓶

之神版及神牌走去，他看到了摆放有序的犊、羊、豕、玉、帛、登、簠、簋、笾、豆、爵、尊、篚等供品和祭器。那些祭器在灯光中散发出阴冷而木然的光。赵惇每走一步，都能感觉到来自祭器的怪怨声和训斥声，这让他惊恐而骇怕，头颅的疼痛一阵阵袭击着他。隐约中，无数的哭声在深深的黑暗之中此起彼伏，他的泪水又溢出眼眶。他停下来，对接下来自己跟天神之间的对话充满怀疑。

突然，狂风大作，乌云游移，星月暗淡，祭坛上的灯烛在风中摇曳着，瞬间全部熄灭，他的面前陷入一片黑暗。惊恐中，他看见了火焰，一小朵、一小朵的火焰，从四面八方汇聚到他身边，他变成了一大朵火焰。他看见自己在燃烧，红焰中，许多人都仓皇逃跑，许多人笑吟吟地走来。天与地，人与神与鬼，同时从无数祭器之中跳将出来，在火中呈现，走向他。他惶遽地后退，脚下一滑，滚下了午阶。一道密密的雨瀑，将那些走来的人挡在了外面，连同火焰。惊雷震响，冰雹砸下来，砸到身上、头上，他大叫着，但没有一双伸向他的手。他感觉自己仿佛龙窑中的一抔泥坯，软塌塌的，被熊熊的烈火烧烤着，被冷冷的雨水浇淋着，又被坚硬的冰雹敲打着。他看见了烟雾，看见了火光，看见了如许年后，人们对他的唾骂。

不知过了多久，曙光终于在天幕上绽开笑颜，像以往任何一天的清晨，大火、豪雨、冰雹，都被那笑颜驱散。

赵惇浑身湿透，在淤泥里瑟瑟发抖。他周围，是一个王朝准备了一年之久的神坛，祭器、玉帛、牲牢们，连同王朝本身都深陷在一片淤泥之中。那些倾注了无数能工巧匠一年多心智的绝色礼器和那些数不清的食器、乐器、酒器和兵器们，残的残，碎的碎，丢的丢，失的失。那些碎裂的陶片，无缘见证这场神、人、鬼之间的会晤，也无缘将自己吸收过日月精华的魂魄，通过郊祀大礼这一通途，飘向更加广阔或深邃的世界。不得不说，这是一个王朝的悲哀，也是官窑瓷器的宿命。

十一月二十七日，天神风雨雷电来了又去，它们目睹了一个即将败落的王朝，一位懦弱的皇帝，一轮曾经无比炙热的太阳，正在被浩大的夜色吞没……

滑落的莲瓣茶盏

当日风光无限、歌舞升平的德寿宫，如今已改名重华宫，而里面的主人也换成了赵昚，他的养父赵构八十一岁寿终正寝之后，他异常悲痛，趁机以丁忧为名，将皇帝的宝座传给了儿子赵惇。那一刻，他终于松了口气。

在无数次游湖和看戏之时，他常常被对面坐着满头白发的父亲赵构和儿子赵惇弄得极其尴尬，他知道，加上自己，这三颗白色头颅，在日光下，是那么醒目而具有讽刺意味。太上皇在私下埋怨说他的太子立早了。那时，他全无皇帝的威仪，两手垂在双股，像一个挨训的小孩，他自己的悔意从未说出过，但看着忠厚温良、诚实稳重、彬彬有礼的儿子，他心里还有些庆幸，觉得儿子虽然年龄大了些，但他并不缺少皇帝的面相和威仪。而且他也知道，儿子也有与自己一样的抱负，那就是收复河山，重回中原，为此他曾多次在太上皇面前说自己的儿子"英武类己"。就因这个理由，他常常生出退位的想法，把江山社稷交给儿子。但因没有正当的理由，所以也就犹豫不决。再说一个朝廷总不能有两个太上皇吧，这不让天下人笑掉大牙吗？

直到那次，阳光射向湖面，粼粼的波光反衬在船上的赵惇身上，那白发看起来心折骨惊，让正在看戏的赵昚坐立不安。

戏是新排的《白娘子永镇雷峰塔》。台上，老僧法海正在跟白娘子比试法力，水漫金山，所有人都被道高一尺、魔高一丈的法术所吸引。只有他，看到了许宣在旁边瑟瑟发抖。那刻，他竟然在许宣身上看见了自己，一个深藏的自己，胆小、怕事、惊恐、不安。当终于锣停鼓歇，法海将白娘子成功制服，压在了雷峰塔下的那刻，他的心，就快要从胸腔中蹦出来了。

他一杯接一杯，不停地将刚刚斟满的雪浸白酒喝掉，喝得太上皇赵构惊讶不止，便劝他喝缓些。

而旁边的儿子赵惇，似乎根本没有注意到他的一举一动，双眼像被舞台粘住了般。也不知是否错觉，某一刻，他竟然觉得儿子的脸上呈现出阴险而狡诈的笑意。

戏终于完了，太上皇是特别高兴的，连喝两杯后，转身问孙子："觉得这戏如何？"

这一看，白光刺得他昏花老眼极为不适，并不等孙子答言，就又问："孙儿，你为什么不用药剂将头发和胡须染黑呀？"

赵惇好像早等着这句问话似的，眼睛朝皇帝父亲这边瞭了一下："前些日子还真有人给我送来染发特效药，不过我没有用。"

戏台上，人们正在更换布景，为下场戏做准备。吴太后将目光收回来，满脸疑惑地问："有人送药，你为什么不染呢？"

一色千年 **HANG ZHOU**

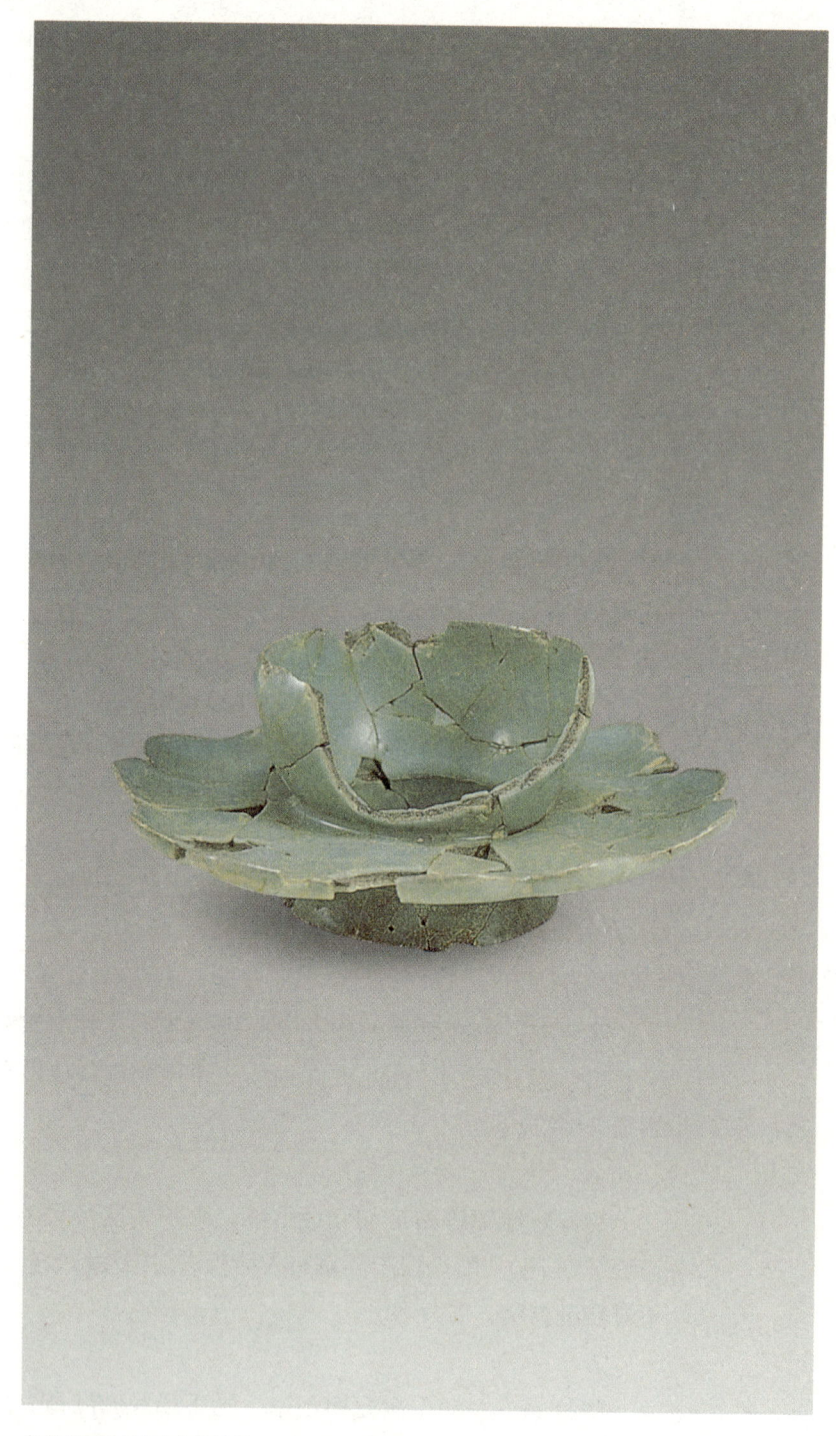

老虎洞南宋官窑出土的盏托

赵惇轻描淡写地答道："孙儿以为，白须白发，也并没有什么不好呀，反而可以向天下人证明孙儿的持重呢。"

这一句，连太上皇赵构都听出来饱含埋怨，赵昚更是如坐针毡。但赵昚不知道，当他从德寿宫起驾回宫以后，吴太后劝说太上皇赵构去干涉一下太子登基的事。赵构说："这是儿子的事，我们做长辈的就不要管了。"

连赵构也不知道，说是不插手儿子的事，到底，还是插手了。他的寿终正寝，成为儿子赵昚退位的理由和动力。而当赵昚以为他也可以像赵构那样，开始享受天伦之乐时，他才发现，自己跟儿子的关系如冰似雪，已经无法挽回。儿子赵惇甫一登基，也曾效仿赵昚伺奉太上皇的先例，偶尔也会陪他宴饮游玩，但时间不长，儿子便用种种借口，回避前来探望。

太上皇赵昚曾多次思忖，父子之间的隔阂是从哪件事开始的。是自己在位时间长，让赵惇等得太久而生了嫌弃？还是因为上次找医生给赵惇配了治疗癔症的药，让他反感？还是因为确立皇子的事？的确，比起来，自己更希望立赵恺的儿子为太子，其实是有理由的：一来李凤娘太过强势，现在连丈夫都这样左右，儿子若果当了太子，那不更是飞扬跋扈？二来随着时间的推移，那个英武的赵惇早已不复存在，特别是那次糟糕的郊祀，他变得胆小怕事，窝窝囊囊，所以怀疑他们的儿子赵扩并不会有上佳的政治表现……还有些什么吧？满头白发的赵昚，脑子里装满了往昔，却无从找到父子隔阂的缘由，不由长叹一声，从靠背椅上站起来。瑟瑟秋风将宫中的树叶吹得乱纷飞，屋内，熏炉里的木炭就要熄灭了。他突然想起，当日跟父亲赵构和兄弟斗茶时，自己讨来的那只茶盏，于是他命人找来。他让人专门用上好佳木做了一个木匣，将那只茶盏放在里面，他要自己不忘父亲的养育之恩，不忘父亲当日将江山社稷托付的重任。这是一只轻飘飘的盏，但在赵昚的心上，沉甸甸的。

这只敞口莲瓣茶盏，色泽清幽，宝光内敛，外壁上刻双层仰莲，微微凸起的瓣脊，手摸上去，温润如玉，片刻间你会感觉，好像它将世间的所有美好聚于一身……他恍惚觉得，当日的斗茶，就是刚才发生的事，他还听到父亲的笑声，看到自己讨要这只碗时的表情和惶恐，还有，当将它捧在自己手心里时，自己心里的那汪深情……

但一切都不一样了吗？他不信，他乃至觉得，儿子会喜欢，毕竟是自己亲生的，父子之间的隔阂再大，也逃不过血缘的粘连啊！

皇宫的聚景园内，秋菊盛开：白菊灿若月华，素洁大方；黄菊美似天仙，淡雅明媚；红菊艳如朝霞，艳丽夺目；紫菊沉稳，优柔雅致……这些姿态各异、飘若浮云、矫若惊龙的菊花，令病体初愈的赵惇心情大悦，他身边的嫔妃们也莺莺燕燕，叽叽喳喳，热闹不已。这时，一个苍老的声音从人群中响起："官家，恕臣不恭，想高宗在世时，前朝皇帝凡出游，必恭请高宗同行。今日，皇上是忘请太上皇了吗？"

赵惇瞥了一眼说话的人，心想也只有你留正敢大胆放言，嘴上却哼了一声。眼见他的面孔阴沉下来，眼里的神采也暗淡了许多，一股莫名的大火从胸口迅速蹿到脑袋里，隐隐作痛。

恰巧此刻，有人呈上来了莲瓣茶盏。

赵惇这才强忍余怒，隐忍未发，让来人打开木匣。但见莲瓣茶盏静静卧在里面，茶盏明显可以看出是早年间的修内司官窑烧制，它和现在郊坛下官窑烧制的器物有明显差别。

　　他心下一动，似乎明白了父亲的用心，但又有些抵触。刚才发怒，早令他出了一身的汗，手脚冰凉，浑身疲软，他想躺一会儿缓一缓，但聚景园内肯定没有睡榻。现在，他就在宫人的搀扶下，伸手从木匣里取出茶盏，有气无力地将它捧在手上。那些凸起的莲瓣比他的手还坚硬冰凉，仿佛冰块遇见了冰块，不相吸，便相斥。他的手失却了任何把握的力度，茶盏异常决绝地从他手中离开，滑落在地，轻轻地，就像一朵凋落的莲荷，碎成三瓣。

　　什么法力也不能将这只茶盏重新黏合在一起，就像赵惇和赵昚之间的父子情意一样，他们注定要分裂开来，形同陌路。这不是李皇后挑唆的错，也不是赵惇病体的错，更不是太上皇试图言和的错，只是，所有的不是错加在一起的错。

　　重华宫里的太上皇正在闭目养神，他幻想儿子收到自己的礼物后，会像以前那样迈进重华宫的大门。他恍惚听到了一声"父亲"，睁开眼时，只有窗外的乱纷纷的落叶，胡乱飞舞着。

镂空的皇族亲情

太上皇赵昚日渐苍老,他无法效仿赵构有足够的兴致和精力,去游玩、赏花、看戏、饮酒,乃至他已经很少去写字了。他常常坐在那里沉思、回忆,大半天一动不动。对过去年月的缅怀和悔恨,以及对当下境遇的担忧,都让他觉得活着是件太过煎熬的事。

又一年春天到了,晴朗无云的天空,几个纸鸢正在翩然飞舞,他手搭凉棚,眯着昏花的双目,去辨认纸鸢的形状:一条长长的龙,一只五彩的蜻蜓,还有一尾游来游去的鱼……阳光刺目,看久了,眼睛里一片模糊,用手揉揉,里面又黏湿不已。他无聊地爬上高台,看见远处水面上的点点小舟,看见绿树团团的临安城衢,看见凤凰山的浓阴。一阵风带着水意袭来,一低头,便见宫墙之外的巷子里,有一群小孩也像他一样,仰头遥望着天空中的纸鸢,兴高采烈地喊叫着、分辨着。不一会儿,这群小孩便七嘴八舌地叫嚷起来,其中一个显然是受到了欺负,双拳紧握,但碍于势单力薄,只能任他们推搡、笑闹。这小孩急了,脱口叫道"赵官家来,赵官家来",意思是让赵官家来救自己。这一句"赵官家来",让高台上的太上皇赵昚一阵苦笑,他顺势蹲在地上,自言自语:"我是他老子,尚且叫他不

第四章 日落之时的祈祷

郊坛下遗址出土的镂空套瓶

来；你叫他，那不是白费力气吗？"悲伤不止，泪水落下。那一刻，他远没有墙外那个小孩勇敢。委屈和失望将他紧紧萦绕，整个身子缩成一团，抽泣了好久好久。不知过了多久，他感觉脑袋昏昏沉沉，一股浩大的凉气自肋下升起，自己周身冰凉，口唇麻木。

这个世界太让他失望了，而自己的儿子也太让他伤心了，他再无丝毫留恋之意，从五月患病，到六月驾崩的一个月里，他始终双目紧闭，再无一言。

皇宫内，赵惇面前，一只镂孔套瓶正清爽爽地与他对视。这是内窑新烧样品，上腹刻有双线仰莲，下腹竟然是双重仰莲，中间枝蔓相缠，缠枝花卉相连处镂空，整个器形流畅舒服，呈灰青釉色，乳浊失透，没有明显的开裂，却有细密的纹线。瓶中套着内胆，既有实用功能，又有观赏性，既雍容华贵，又淡雅清幽，让赵惇心下大爽。多日来，每日早晚的头疼病让他生不如死，而现在，眼见得天就要暗下去了，他竟然毫无困倦之意。这如何叫他不高兴呢？

他觉得，这才是自己愿望中的时光，一间屋，一个人，一榻，一案，一圈椅，一瓶，四周静谧无声，只有黑夜缓慢地渗到屋子里，带着暖暖的清风。

对世间美器的喜爱和恋念，是人的通病，更何况作为皇帝的他。细细把玩这人间绝美的青瓷佳品，他真愿长醉不醒。

但没有人能长醉不醒，即便拥有世间极品，都会被外界强大的力量拉回来。门外，熟悉的尖锐女声响起，打破了赵惇的迷醉时刻。李皇后跨进门来，头上的珠翠步摇发出轻微的响动，但在赵惇耳朵里，这声音不亚于她尖锐的嗓音。

"这么晚了，怎么不点灯啊？"边问边喊，"掌灯！"

宫人便拿着火烛进来了，将屋内的灯盏一一点亮。奇怪的是，清风的暖意竟然在灯光亮起那一刻，荡然无存，源源不断的寒气从门缝里钻进来，赵惇禁不住瑟瑟抖起来。

灯一亮，李皇后的双眼也被眼前这只镂孔套瓶点亮了，她笑吟吟地将手放在瓶身上，来自瓷器的幽润和凉意，让她花枝乱颤。

"你说这内窑工匠的技艺真是越来越好了，回头多做几个来，插花正好呢。"

赵惇浑身不自在，又怕她有什么要求令自己烦恼，便说："让人把这个先送到你宫里吧，可插荷叶和兰草。"

李皇后便笑说："也好。妾过来给皇上请安，没他事，我就回去了啊！"

这可不是李皇后的做派，每次来，她都要闹腾，不是哭诉，就是谩骂，让赵惇筋疲力尽，惶恐不已。这一次风轻云淡离开，大约也是这只套瓶的功劳吧。

赵惇长舒了一口气。

宫人见李皇后香风远去，便凑过来："皇上，重华宫那边有消息。"

"重华宫"这三个字，赵惇听不得。这三个字，就像一句咒语，让他厌嫌而紧张。

"太上皇不吃不喝两日了，怕命不久矣。"

"命太医过去瞧瞧。"

"瞧了，太医说回天乏力了。"

赵惇厌恶地闭上了眼。

宫人静静地退出去，退到门外和暖的夜色里，到处是花开的喷喷声。她抬头看见夜空中缀满无数的星星，仿佛人间的灯光，那么可亲。

屋内，赵惇在圈椅里疲惫地闭目养神。恍惚中，他看见眼前尚未送走的镂孔套瓶在来回晃荡，一股白烟自内胆袅袅升起。他诧异地站起来，看着那白烟向自己袭来，来不及躲闪，周身便被白色的绳索捆绑了，而瓶内，发出了一声叹息。他惊恐地看着瓶子，因为他感觉，那里面藏着一个人，那个人此刻正在变身。果然不久，瓶内便钻出一个人来，先是头，再是胸、手臂、腿、脚。他看见了自己的父亲，面色苍白，神形消瘦地站在面前，双眼满含愤怒，而他身上的绳索，似乎也随着父亲的出现越来越紧，他挣扎着，试图离面前的父亲远些，可是整个身体像被粘在了一处，无法动弹。他低下头，想看看到底是什么粘住自己了，这一看，却让他大惊失色。他看见自己的身体变成了一个瓶子，绳索变成了一道道缠枝花卉，勾勾连连，没完没了。从那些镂空的地方，他看见自己的心、肝、肺、血液和骨头，隐约在变白，又变青，他终于大叫着睁开眼。眼前，几十只，不，几百乃至几千只的镂孔套瓶飘浮在房间内，它们缓慢地向自己移动，一些细微的摩擦声响起。突然，他看见它们一齐向他撞来,他听到了瓷器的碎裂声,看见了无数瓷片带着隐约的血迹,正从空中坠落到地上。他感觉在锥心刺骨的疼痛中变成了纷纷碎片,像瓷,像人,像木头,像石头……不,什么都不像,什么都不是,连同自己都不是。空荡荡的屋子里,只剩下声嘶力竭的号叫。

重华宫内,太上皇赵昚没有等到亲生儿子到来的消息,他猛然睁开紧闭的双目,像一把宝剑一样的寒光,循着门框,一直射向凤凰山的宫院。直到精疲力竭,意识模糊,心脏停止跳动,他也没有看到愿念中的人影,只有汹涌的黑色波涛,将他淹没。

那个看星星的宫人听见屋内的叫声,无比留恋地将目光收回来,推门时,皇上正在圈椅上痛苦地蠕动着。她知道,他的病再次如约而至,这漫长的夜,他将在剧烈的惊恐、抽搐和哭泣中度过。

第五章 风雨中觅渡

兰儿临安扫阁之遇

清晨的临安城,并无一丝懒散之气。大街小巷,人来人往,此起彼伏的叫卖声仿佛从昨夜一直吆喝到此刻。出门买早点的人们,与宿醉的人迎面相逢,他们仿佛老相识般打过招呼,各走一边。傀儡戏从深夜一直唱到日头升起,戏文真真假假,来自宫廷的传闻都有模有样地演绎到前朝往事中,演员换了好几拨,沉溺的看戏人却不散去。只有挑担卖货的人,踩着清晨的雾气,热腾腾地走来。

丽正门外,钱塘江畔,绿树掩映的人家小院里,一个五六岁的女孩穿得新崭崭的,站在茂盛的柑橘树下。那些青绿的果子在密密麻麻的绿叶之中,探头探脑地注视着树下焦急等候的小女孩。

屋内,年轻男子刚刚套上一件布衫,妻子边收拾桌上的碗筷,边埋怨说:"你看你,非要带兰儿去。去了宫里,你可要小心带着兰儿,千万不要走散才好。"

男子憨厚地一笑:"你且放宽心好了,一定安安全全回来。"

说完，出门来，对着院子里的绽开笑颜的兰儿说："走吧。"

这是绍熙五年（1194）年的秋天，皇上赵惇在位五年来，太子之事迟迟未定。不止宫廷，连同民间都知道，因为立储之事，皇上跟太上皇之间产生了分歧，加上皇上的不孝言行、皇后的跋扈，人们对皇帝的能力和人品生出许多质疑。民间就是如此，有枝就是叶，有叶就成花，关于皇帝皇后不孝的事，从宫里传出，不久就在临安城内沸沸扬扬。有其父必有其子，皇帝皇后既是这样的人，儿子能好到哪里去呢。从皇宫里传出，太上皇提议让赵抦当太子。徐国公赵抦是皇帝的兄长魏王赵恺的儿子，当初魏王在宁国府时，政绩颇丰，受到当地人民的拥护和爱戴，可惜英年早逝。临安的大街小巷都传，皇帝御体欠安，根本无法理政，所以今日要册封太子。这消息从太上皇殡天的那天就传开了，人们都盼望这一天的到来。当然，对于统治者的更换，他们无能为力，他们更大的兴趣，在于难得一遇的扫阁之事。

按照传统，一旦太子被宣布登基，京城百姓都可以涌入太子官邸，随意搬取东西，除了房子带不走之外，其余能搬走的都要搬走。这一行为，人们称之为扫阁。

兰儿跟她的父亲，就是想去凑这个热闹。皇家之地不是人人都能进出的，所以这对于平民百姓来说，是一个长见识的好机会。

一个时辰之后，他们已进入御街，街道两边的人少了许多，一些商铺关了门，无数小贩也收了摊，他们随着人流朝凤凰山方向走去。

父亲在人群中，脚步迈得飞快，恨不能生出一双翅膀飞过去。小兰儿有些跟不上,拉着父亲的手,气喘吁吁,小脸通红。父亲便把她扛起来,放到肩头。

"爹,好多好多的人啊!"

前面密密麻麻的人流,如潮似水,缓慢持续地涌向前方。

兰儿之所以闹着进皇宫,是因前次去外婆家小住,外婆无意说起进宫看望小姨时,见识到了皇宫的华美和富贵。"吃的是玉馔珍馐,喝的是美酒佳酿,穿的是绫罗绸缎,用的是金器玉皿。你小姨一个宫女都这样,你想,人家皇帝皇后身子金贵,又是怎样一番享受呢?"外婆说着,给兰儿倒了一碗水,看着那个粗瓷笨碗,又说,"人家喝水的茶碗都是细路青瓷,官窑专门烧制的,平常需要什么就烧造什么,烧好了就送宫里用,烧不好就就地砸了。听说官窑里的废瓷片在地里埋不下,地上堆成了山。"

兰儿想:那得烧坏多少呢?

"宫里讲究,见不得一点瑕疵,那器形不周正的,失了圆的,烧得过火或者欠火的,有裂纹的,有麻点的,瘫了扭了的,磕了破了的,都要被敲碎砸烂。"

听了这番话,兰儿真是长见识,好奇地问:"外婆,那皇宫里的人,喝茶的茶碗是什么样子的?"

"你小姨就用她平素里使唤的给外婆倒了一杯水,那杯子是专给下人用的,倒也没什么特别处,但不是咱家的粗瓷。你小姨准备去给贵妃送茶的时候,茶盘里放的茶盏我倒是见过的,比咱家的这碗小几圈,颜色吧说青

郊坛下遗址出土的折沿盆

不青，说黄不黄，说粉不粉，我放大胆摸了摸，比兰儿的脸蛋还绵润细腻呢。每个茶杯上，都有些像云彩、棉絮，或者就像冰面裂开的纹路。按说，这样的器物也是残次了吧，但这样的裂纹一点都不影响茶杯的好看，相反别样的好看，彰显着皇族的尊贵。"

"那茶盏是破的呀？"

"傻孩子，你小姨说了，听里面的人说过那叫冰裂瓷，上面的冰裂纹就像被金线描过一般，又像泥鳅走泥之后形成的纹路。这些都是烧制过程中自然形成的，不是人们刻意为之的。反正啊，那是老身我这辈子见过的最好看也最费解的茶盏了。听说，皇宫里面用饭时，盘子、碟子、碗这些，都跟这茶盏一样。你想啊，一桌子这样的器皿，飘云的，驾雾的，一会儿冰裂纹的，一会儿蟹爪纹的，里面再盛上形形色色花红柳绿的饭菜，那吃起来得多美呀！"

兰儿听得如醉如痴，小脑袋里不停地想象那只茶杯，是大的、小的、方的、圆的、敞口的，还是勒口的、鼓肚的，还是溜肩的。

外婆用手比画，说这么大，这么小，比画了半天，后来说："都在脑子里放着，也不知多大。"

两个人搂着笑了半天。

末了，外婆说："等有机会，也带你去皇宫见识见识。"

坐在父亲肩头的兰儿想，自己比外婆运气好，这不，很快就跟爹爹来凤凰山下了。

不远处就是皇宫，金碧辉煌，器宇轩昂，琉璃碧瓦，飞檐翘角，好不威严。

兰儿虽然在爹爹肩上，还是觉得自己是那么矮，那么小。

突然，她看见许多人从那边涌出来了，涌出来的人和涌进去的人汇在一起，仿佛浪头相碰，便起了旋涡，一涡又一涡，成了一个大浪头。

爹爹赶忙转身，大步往回走，走到一溜树前，将她从肩上放下。

后面赶来的人也停在了原处，一些涌出来的人也陆陆续续到了他们这边。这些人说，他们直奔了徐国公的内宫，没想到里面的贵重物品全部被藏起来了，空荡荡的，就剩少量酒盅、茶碗之类的小东西了，被哄抢一空。连宫院里的笤帚，也都被抢了。看来，这是早有准备啊！

兰儿拉拉爹爹的手，爹爹蹲下来说："兰儿，人太多了，今儿咱就远远看看吧。"

兰儿忽闪忽闪黑眼睛，懂事地点点头。

又过了好久，见有一人兴高采烈地往回走，怀里鼓囊囊的。

等待的人凑过去问："扫着了？"

对方大声说："当然。你们不知道吧，原来不是徐国公，是立嘉王当太子了，这是去嘉王府扫的。那东西多的啊，从金银器到玉瓷器，从绫罗到锦缎，从文玩到字画，什么都有，就是人太多了。哈哈！"

"那你扫到什么了？"

"我运气差，好不容易挤进去，顺手摸了一个小熏炉。"说着，他掀起衣衫一角，熏炉的一小部分便露出来了，"原想再扛个茶凳回来，不想那东西大，没出门就让人给挤没了，估计是被别人抢去了。"

兰儿眼前便出现一块异常静谧的青色，她知道，那一定就是外婆之前说过的官窑烧制的，只属于皇宫专用的青瓷。她个子矮，也靠这个人近，在他快速掩上衣襟的当儿，她清楚地看到了熏炉上云絮般刻镂的花纹。

那人满脸桃花，朝临安城方向快步走去。

郊坛下遗址出土的覆罩形器盖

  日头移到头顶，兰儿被爹爹抱着，就那样，看着皇宫离自己越来越远，越来越模糊。那些金碧辉煌的红墙碧瓦，在炽烈的日光中，变成碎纷纷的灰白色，就像外婆说过的被敲碎的一大堆瓷片。

嘉王府粉青釉盘的宿命

嘉王府里空空荡荡，似乎那些被扫走的器物连府里的热气都带走了，显得那么空旷，阴暗而冷清。此刻，嘉王赵扩正躲在粗大的顶梁柱后面，满眼泪水，抖如筛糠。他看不见窗外来来往往的宫人们，正在忙碌地收拾扫阁之后的残局，他只是觉得眼前发生的一切，太可怕了。

半天前，他早读完毕，照例用早饭，几样点心，一碗盐豉汤。他一般吃饭快，用时很短，但今天面前多了一样菜，宫人说叫玉灌肺。赵扩原本是个好学之人，每遇到不懂的问题，都要千方百计弄明白。但连他自己都奇怪的是：原本自己读书过万，可为什么总是边读边忘呢？为此他更加刻苦，昼夜读书，黄裳、陈傅良、彭龟年等一批名儒先后担任他的老师。现在，他自然要问："这道菜是怎么做出来的？"

宫人跟随了他好多年，知道他的脾气，早已在御膳房问询了做法："回王爷，是用真粉、油饼、芝麻、松子、核桃去皮，加研成粉末的莳萝、白糖、红曲，搅拌，放入甑里蒸，即成。"

他点点头，从盘里挖了一羹勺，入口软糯清香，甜而不腻，加上芝麻、松子和核桃的坚脆，吃到嘴里是另一番滋味。

一时，他将盘子捧在手里，再舀一勺，目光却被手里的盘子吸住了。浅浅的盘底，珍珠般的玉灌肺下面，露出了一抹天空般的隐青色。他见惯了日常的青瓷器皿，盘、碟、碗、酒杯、茶杯，还有春瓶等等，可以说如自己的皮肤般熟悉。显然，这个盘子有跟其他器皿不同的地方，他三口两口将盘子里的玉灌肺吞咽下去，全然忘记品咂美食的味道，将全部注意力都放在了手里的盘子上。这是一个敞口、尖唇的寻常规制的盘子，釉色也是寻常的粉青色。赵扩将盘子在手中转了好几个圈才明白，原来吸引自己的地方是它的开片。那开片，从口檐处细小若无，延伸开来，到中间，突然就收住，越到内底平缓处，它的开片越来越束，越蜿蜒，越悠长，到了盘底，那些开片纹路突然就汇成一眼泉。那泉眼里，仿佛在冒出莲花一样的水流，好一个泉眼无声的景象啊！

宫人看他弯着腰，低着头，整个脸都要放在盘子里的样子，心里叹口气。皇宫真是个奇怪的地方，而出身于皇族的人更是千奇百怪。听说泰安宫里如今已乱成一团，官家不停地要套瓶，内窑的工匠便不停地赶制，那些镂空的图案从缠枝花卉到鸟兽吉羽，真是好看，都是工匠精工细作的，呈给官家，却被一一打碎。不止如此，官家还命人将弓箭、宝剑拿来，射、砍，不停地毁掉那些瓶子，瓷片洒了一地，还来不及收拾去，他又下旨内窑烧制新的镂孔套瓶。宫里人都悄悄嘀咕说，官家疯了。有一次，她去泰安宫办事，看到宫女太监都趴在窗口朝里看，她也趴过去，十几个瓶子不规则摆在地上，而官家正缩在柱子后面偷窥，好像那些瓶子是要他性命的人。现在，嘉王也对着一个盘子如醉如痴，唉，真是奇怪的遗传啊！

突然,她听到外面人声喧哗,尚来不及问询,就见一群布衣百姓闯进门来,在屋里四下巡睃,双眼放光,见着嘉王,也不作揖,也不磕头,只一味地闯进内宫。时间不长,那些人便拿着字画、书籍、花瓶和榻上的锦被、床幔、枕头出来,兴高采烈地出门。下一波人更是猖狂,将圈椅、桌案、书架扛起,扬长而去。很长时间,她才想起嘉王,扭头时,刚才坐着吃饭的嘉王不见了,她被人撞得在门前转了好几个圈,终于在房柱后面看见了嘉王的衣角。

这一段极其短暂而混乱的时间后,屋子里就空荡荡的,只剩下了一张床榻。

她轻声喊:"王爷,王爷,人都走了。"声音在空荡荡的屋子里回荡着,她就像踩在自己回音的旋涡中般,走到了嘉王跟前。

嘉王怀里还紧紧地抱着那个盘子,他感觉到从盘底不停地冒出来的泉水,通过胸口注入自己的体内,变成浩大的泪水之河,从眼中流出,又滴回到盘子中。

很久后,他才问:"发生了什么事吗?"

她扶住战战兢兢的嘉王,只能说不知道。

很快,嘉王就被召到重华宫。在那里,太皇太后宣布,嘉王赵扩为皇太子,入住东宫。

那个空荡荡的嘉王府,他喜欢的书籍,写下的笔记,用惯的茶杯,贴身的锦被,插满兰花的花瓶……所有带有他气息、味道和回忆的物品都消失了,留给赵扩的,只有手中这个青瓷盘,唯一留住时间和记忆的器物。

东宫更加空旷,仿佛让他临时入住似的。他的宫人都随着过来了,但他心里充满无名的不安。入夜,照例他要读书的,读了很久,灯挑了好几次,宫人催促了好几次,他才睡下,辗转无眠,无论是床榻还是被子、枕头,都让他感觉到惶恐不安。他起身,从桌案上将那个盘子抱在怀里,只有抱着过去和回忆,一个人的睡眠才会踏实。

早饭又有上次的玉灌肺,他厌恶地推开,心中突生忐忑,心跳加速。

外面又响起了脚步声,这一次,宫人也跟嘉王躲在了顶梁柱后面,偷偷探出头来。

进来的是大臣赵汝愚,他手里捧着诏书和龙袍。

见是臣僚,嘉王这才放下心来,战战兢兢地从柱子后面走出来。

赵汝愚一行人齐刷刷跪在他面前,他又是一惊,手里的盘子差一点掉在地上。

"臣迎接太子登基。"

回声四起:"请太子登基。"

赵扩在柱子后面四处张望,他试图找到一个什么东西塞住自己的耳朵,他不想听到这些人带来的消息,一切太突然了,措手不及。他猛然从柱子后面窜出来,向着门外逃去,而有人早已在那里等候,一把拽住了他。他惊恐地抬头时,却被赵汝愚渐渐拉住了胳膊,向大殿走去。

他挣扎,试图逃脱赵汝愚有力的拉扯,那一刻,他

第五章 风雨中觅渡

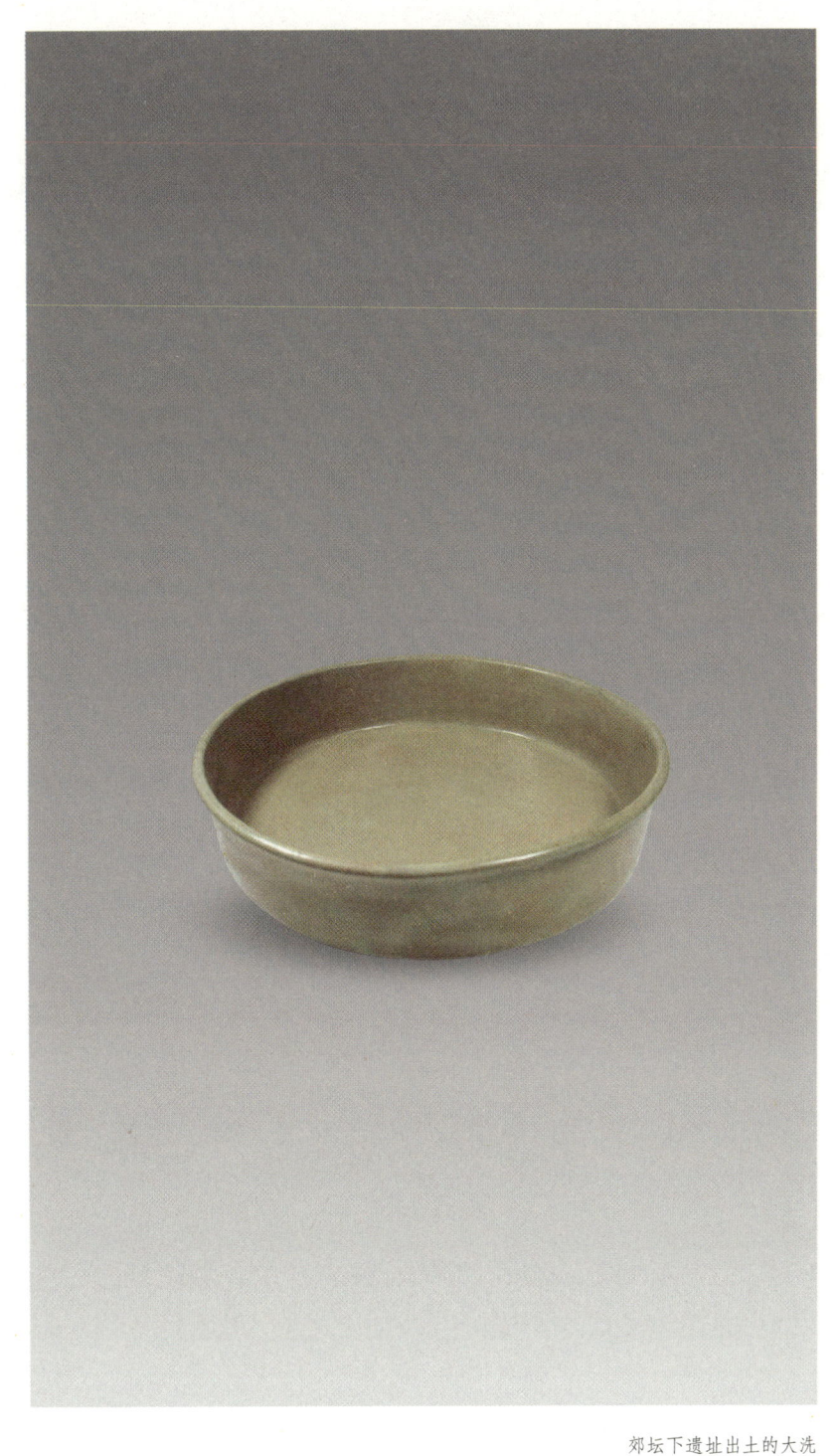

郊坛下遗址出土的大洗

觉得自己太弱小、太无力了,只剩下微弱的喊声:"做不得,做不得啊!"

眼泪染花了眼,泉水重新涌出,而他左手里,那个来自嘉王府的粉青釉盘,正在从他手中跌落,成为碎片、沙砾和灰尘。

泰安宫的镂孔套瓶

泰安宫内,赵惇莫名其妙成为太上皇,对此他并无异议,清醒的时候甚至暗中窃喜,终于可以像祖父和父亲那样,不用每日为朝事忧心了。但他的病情并未好转,依旧日夜颠倒,头疼,幻觉频繁,昏睡。在睡梦中,他尚年少,有满腹的抱负,有满腔的热情,随父亲练习射箭,骑马,随父亲在游船上,看着面前的湖山,发誓一定不辜负父亲的期望。父亲缓慢地转过头来,满含怨恨的目光死死盯着他。他低头,突然看见了自己的白髯,想起自己早已不再年轻,而父亲已过世多日。他无限迷茫地在傍晚时分醒来,面前是一碗黑乎乎的汤药,贴身的宫女将他从榻上扶起来,坐好,然后将药碗端过来。

赵惇问:"套瓶有送来吗?"

他见宫女嗫嗫嚅嚅,知道自己再也不能随心所欲地得到自己想要的物件,一股火气从胸腔里升起,直上头颅。他将手中的药碗一下摔在地上。

宫女慌张地跪下。

冬夜长得让人心慌,躺在床榻上的赵惇,头上裹了一块锦布,那块长条锦布将他的头颅紧紧地勒住,但他还是觉得有东西在将自己的脑壳撑开。暖炉里的炭火泛着通红的火焰,热烘烘的气息让他觉得烦躁。恍惚中,一个精美绝伦的镂孔套瓶从火焰中浮起,晃晃悠悠地朝他而来。一些叽叽咕咕的笑声传来,他大惊失色,习惯性地伸手在枕边摸索,试图拿起弓或者宝剑。但那里空荡荡。一股风从他的心上刮过,寒冷刺骨,带着飞雪。他慌张地用锦被将自己的头蒙住,试图躲开眼前的一切。

自父亲去世那晚开始,他就能在套瓶中看见一些人,他的祖父,他的二哥,他的黄贵妃,还有更多已经故去的人,他们笑吟吟地从瓶子中飘出来,站到他眼前,跟他说话,埋怨他,骂他,更多时候他们会向他扑过来,似乎要拉他入瓶,也似乎是要掐死他。更令他胆战心惊的,是瓶中的父亲,他消瘦的双手仿佛一双爪子,向他伸过来,他看见了爪子上尖锐的指甲,那上面满是血垢。他努力躲开爪子,可是迎面又碰上了父亲的目光,悲伤的、愤恨的、期待的、绝望的……他瑟瑟发抖,不得解脱。他一度以为,只要将装着这些魂灵的瓶子打破,他们就会自行消失。于是,他下令内窑赶造镂孔套瓶,用弓箭来射杀,每杀一次,他觉得自己就离那些魂灵远一次。但没想到,那些瓶子碎了,也被清扫出宫了,他还是能看见新的瓶子在眼前晃荡,讥笑,嘲讽,哭泣,咒骂。他不停地敲碎它们,魂灵不停地前来纠缠,他一直觉得自己有力量将所有装着这些魂灵的瓶子敲碎,让它们不得不屈服,投降,远走。

在刚刚离开皇宫的那几天,泰安宫的夜晚的确安静好睡,终于挣脱那些纠缠的魂灵们,对这种安稳和沉寂,他有短暂的庆幸。加上太上皇后自打随他搬进泰安宫,也像变了个人似的,不再飞扬跋扈,恶语频仍,更是很少来打扰他,这使他的太上皇生活变得单调。受身体的制约，他不能见风，宫内永远关门闭户，灯烛白昼长明。他在白天昏昏沉沉，那些对过去五年帝王生涯的回忆，经历过的事件，就像图片一样，在他眼前一幅幅展开，栩栩如生。他就在回忆中不停地睡去，又不停地醒来。而每夜，他头疼欲裂，思维活跃，黑夜独有的阴沉，就像一服唤醒他所有坏记忆的汤药，不用饮下，只要将气味传过来，他就会陷入无边的谵妄之中。在那里，新的镂孔套瓶不断出现，它们不再具有实体的形状，虚无缥缈，却永恒长留。

即便现在他躲在锦被中，依旧感觉到来自套瓶沉重而冰冷的气息，叽叽咕咕的笑声，声嘶力竭的哭声，还有责骂和埋怨声，一点一点靠过来，水一样扑向他。他大叫起来。

外面守着的宫人习惯了他这样一惊一乍，总是要等很久才会推门进来。

恰恰是这段时间，成为赵惇最受煎熬的时间。那些魂灵们从套瓶之中活脱脱跳出来，他们拿着绳索、刀剑，慢慢地靠近他，跟他说："你也要进到瓶子里去，血流干，骨头和皮肉一点点烂掉。那时，你的魂灵会变成套瓶上镂空的部分，扭曲的，疼痛的，遗憾的，不能说出的。"

他向他们磕头，像捣蒜一样，涕泪横流，苦苦哀求。

他们又说："你罪孽深重，让我们死了无数回，还不知悔改。所以，你要被千刀万剐，才能装到瓶子里。"说完，哈哈大笑，那笑声震耳欲聋，回音四起。

他恨不能缩成一只老鼠，不，比老鼠更小，苍蝇、蚊子、跳蚤都行。他抓起暖炉里正在燃烧的木炭，就往口里塞。

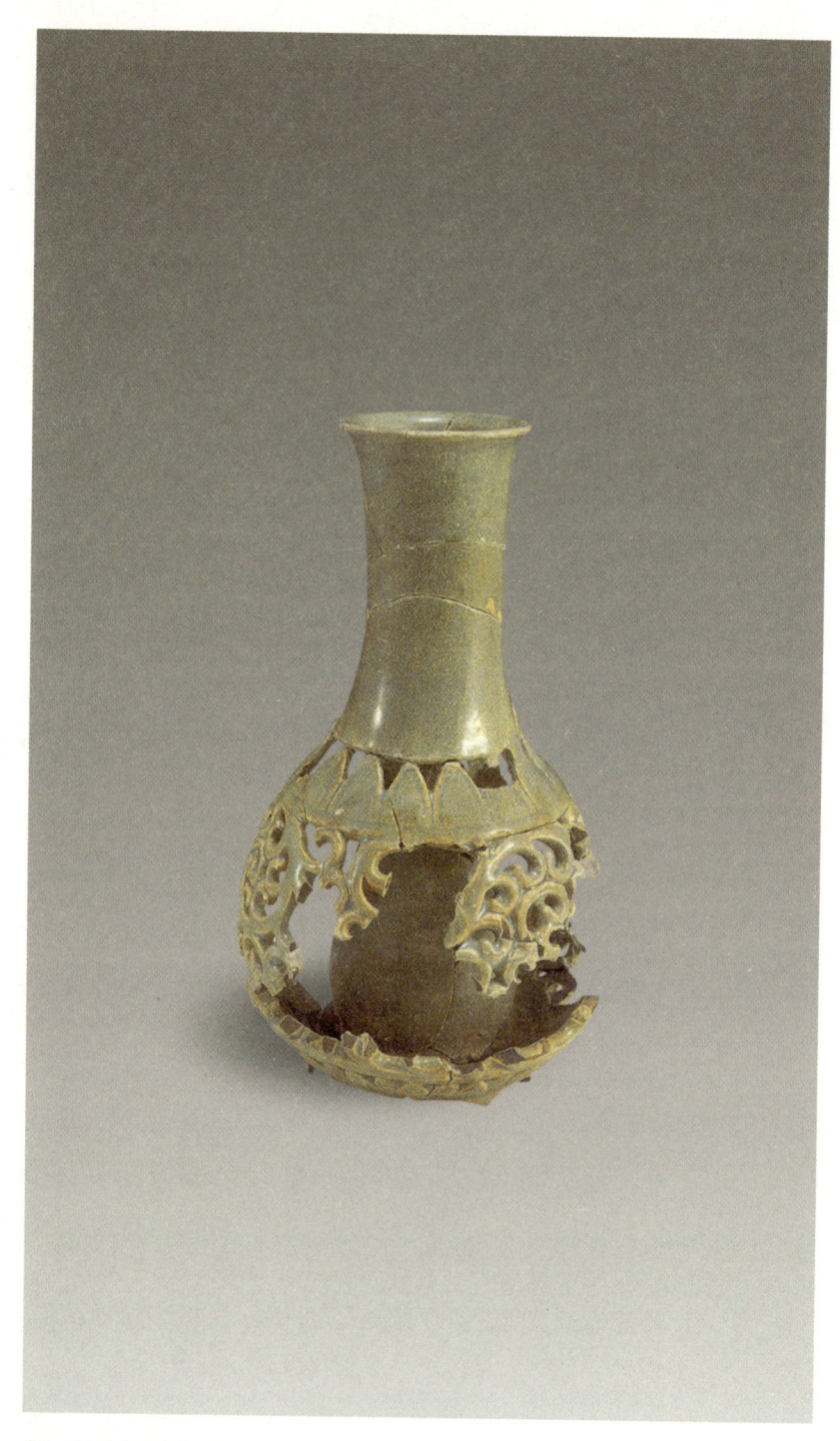

郊坛下遗址出土的镂空套瓶

来自身体的痛意，让他稍稍清醒了些。

宫女进来的时候，太上皇赵惇披头散发，衣冠不整地跪在地上，双目无神，抓住她伸过来的手，仿佛救命稻草。

难熬的夜晚终于过去。当白天来临，他困顿不已，终于要睡去。

乱糟糟的梦境从来不放过他，但只要梦里没有镂孔套瓶，他就觉得是美梦，哪怕在梦里他会老，会死。

草长莺飞的春天，再次将临安染得千娇百媚。寿安宫也不例外，当日德寿宫的建筑和草木都在，它们沉默地送走了两位太上皇，又沉默地迎来了新的太上皇。只是，它们很少能见到这位太上皇，整个寿安宫安静得像一座坟墓。

这一天上午，太上皇赵惇第一次走到庭院之中，他早已忘记上次自己在这个庭院度过的时间了，他只记得，那次匆忙得很。而他跟父亲也只小坐了片刻，父亲留他吃饭，他迟疑间差点答应，但皇后在旁边拉扯他，他才像惊醒般跟父亲告辞。他记得，那年庭院里的海棠美得没来由，让他生出自己入了一个战阵的错觉。

而现在，院子里的海棠七零八落，或许是早春的缘故？或许，它们也像人一样，不喜欢安静和孤独？

一阵熟悉的鼓乐声袅袅地传来，渐渐地越来越近。恍惚中，自己身着皇袍，乘着车辇，从郊外回到宫门前。

他问身边的近侍："哪里来的鼓乐之声？"

那近侍低头垂目,很久才低低地答:"禀太上皇,是街上的百姓在奏乐游戏。"

他心下一沉,明明是皇帝回宫的鼓乐啊,知道这是近侍怕他想起过去伤心,故意这般回答。一股怒气升上来,他突然对所有人都生出无边的恨意,他恨不能砸烂眼前的一切,湖山、草木、宫殿和人群,他用尽力气,向近侍挥拳而去。

他看见自己砸碎了一个巨大的青瓷镂孔套瓶,瓷片四裂,他随着它们,向地下缓慢地坠落……

赵扩子夜赏昙花

春天就像一个新生的孩子，带着新鲜的露水和花叶，再一次赋予临安新生的假象。

皇宫内，各种奇花异草在一场雨后，更是急不可耐地开枝散叶，含苞待放。清晨的阳光下，那些草木犹如被神光抚摸，一枝一叶都蕴含着羞涩的春意。

透过轩窗，隐约有人在里面走动。

屋内，当今皇帝赵扩刚刚用完早膳，他从宫人手中的茶托上将茶盏取下来，里面是新泡的团茶。他放在唇边，轻轻啜了一小口。

旁边坐着的杨皇后便问："官家，滋味可好？"

赵扩点点头，笑道："果然好茶。"

杨皇后也笑道："好茶不止让人神清气爽，更令人心情大快。"

赵扩再啜一口："我已好久没喝团茶了，今儿要多喝两盏。"

杨皇后笑吟吟地说："茶我就给你放着，你想喝了过来喝就是。刚用完早膳，就喝一盏吧。"

赵扩听了这话，乖乖地把茶盏重新放回宫女手中的茶托中，满心留恋地看着宫女退下："不让朕喝茶，那陪朕赏花去如何？"

"好啊，听说这几日芳春堂的杏花正好，昨日命人摘了一枝，你瞧那边。"说着，杨皇后用手指指东窗桌案。但见一缕阳光柔和地从窗中穿过，那粉白的杏花亭亭地立在光线中。

褐色杏枝被插在一个长颈青釉瓷瓶中，仿佛一只伸出来的手，手上缀满含苞之花。它稠密的枝条掩去半面花瓶，瓶上那些裂纹被欲飞欲舞的杏苞遮住，若隐若现，阴晴不定。瓶前，居然有两只酒杯，里面还斟满了美酒，如此一来，愈是近前，愈是分不清花香和酒香。

"欲问花枝与杯酒，官家何得不同来？"

赵扩恍惚已饮下一盏花酿。

杨皇后喜花成痴，对插花更是颇有见地。她总说，插花配色，要有层次，或浓烈，或淡雅，或冷，或暖，或二色互补，或一君一臣。同时更要讲究外师造化，内发心源，不只要美，更要有趣，若还能道出几番道理来，那便是化境了。所以，背地里，赵扩叫她花奴。

此时，她站在赵扩身后说："妾新近得了一样花，到夏天可否请官家来赏？"

"哈哈，难不成那花比花奴还美？"

两人正在说笑，外面传来说话声，隔窗瞭去，一名小太监手里托着一个物件，正交与宫人。杨皇后便拉拉赵扩："养花的器物送过来了。"

是一个粉青釉的敞口盆，盆沿为花口。奇怪的是，这些花口因为呈现在形制略微大一些的花盆上，全然不像花瓣，倒像一只只鸡冠，一瓣跟一瓣间隔均匀，凸起的棱角圆润，鼓腹处是凸起的莲瓣，瓣脊整齐而优雅。花盆在赵扩手里，转了好几个圈："郊坛下官窑的匠艺是越来越精湛了。"说完这句话，是好长时间的沉默。杨皇后以为，他是沉浸在对青瓷花盆的欣赏中，直到半晌，转头时，她看见他眼里隐约有泪意。

她伸手从赵扩手里拿过花盆："正好今日官家在，来来来，随我种花去吧。"

赵扩这才猛醒过来。方才那一刻的走神，让他想起登基当日，自己手中的那个盘，盘中的涌泉，还有由它而生的身体和精神的不适。奇怪的是，登基以后，他再也没有见过类似的瓷器，无论是盘、瓶，还是碗、盏，它们的开片总是匀称有致的，没有那种纹路持续并聚拢一处的。连御膳房的人都知道，皇上不喜欢吃玉灌肺，这道菜也很少出现在宫宴上了。很多时候，他会觉得，只要自己不吃这道菜，那个盛菜的盘便也不会出现，连同它所暗携的一些迹象也不复重来。但他时时担心，总怕哪一天，又会遇见类似的，带着一些令他骇怕和惊恐的事件。

还好，还好。他看着入了皇后手里的花盆，那些沿着莲瓣渐散去的开片，仿佛阳光打在上面的花斑，隐约金丝袅袅。

杨皇后将袖子用带子绑好，拿起花锄，那时宫人已将花土装在了花盆中。皇后便用花锄插在土里，将花苗顺着花锄放进去，双手在花苗周围按压了半天，伸手接过宫女手中的青瓷花洒。赵扩问道：

"是什么花？"

"是昙花。"

"手持贝多叶，心念优昙花。说到赏花，想想，除了皇宫内的这些花草，朕已经好久没有欣赏西湖的云树堤沙和画桥烟柳，更不要说宝寺灵庙了。"

杨皇后拿着花洒，眼睛满含喜悦和爱意，盯着盆中的花苗："官家想出门，那还不容易呀！"

"前日在殿上，朕也将泛舟西湖的想法跟朝臣们说了。这次，韩侂胄倒没说话，群臣们虽没有答应，但也没反对。昨日张巨济上书，竟然说：'慈懿太后的欑陵近在湖滨，陛下出游，不免要鼓乐，岂不是要惊动先人在天之灵吗？'想想，还是有一定道理的，这事关乎对先祖的孝道，也给群臣树一个俭德的榜样，朕呀，当时就下令，把御舟沉到湖底了，此生，再不游湖去。"

那边，杨皇后已让人将花盆端到桌案向阳之处，张着两手的泥，吃惊地看着面前的皇上，心下悄悄地叹口气。

芳春堂的杏花像豆蔻少女，粉粉白白，将语未语，将开未开，让整个院子生出无端的静气，花丛中蜜蜂的嗡嗡声都小了许多。两只黄莺藏在花中间，不停地转动

第五章 风雨中觅渡

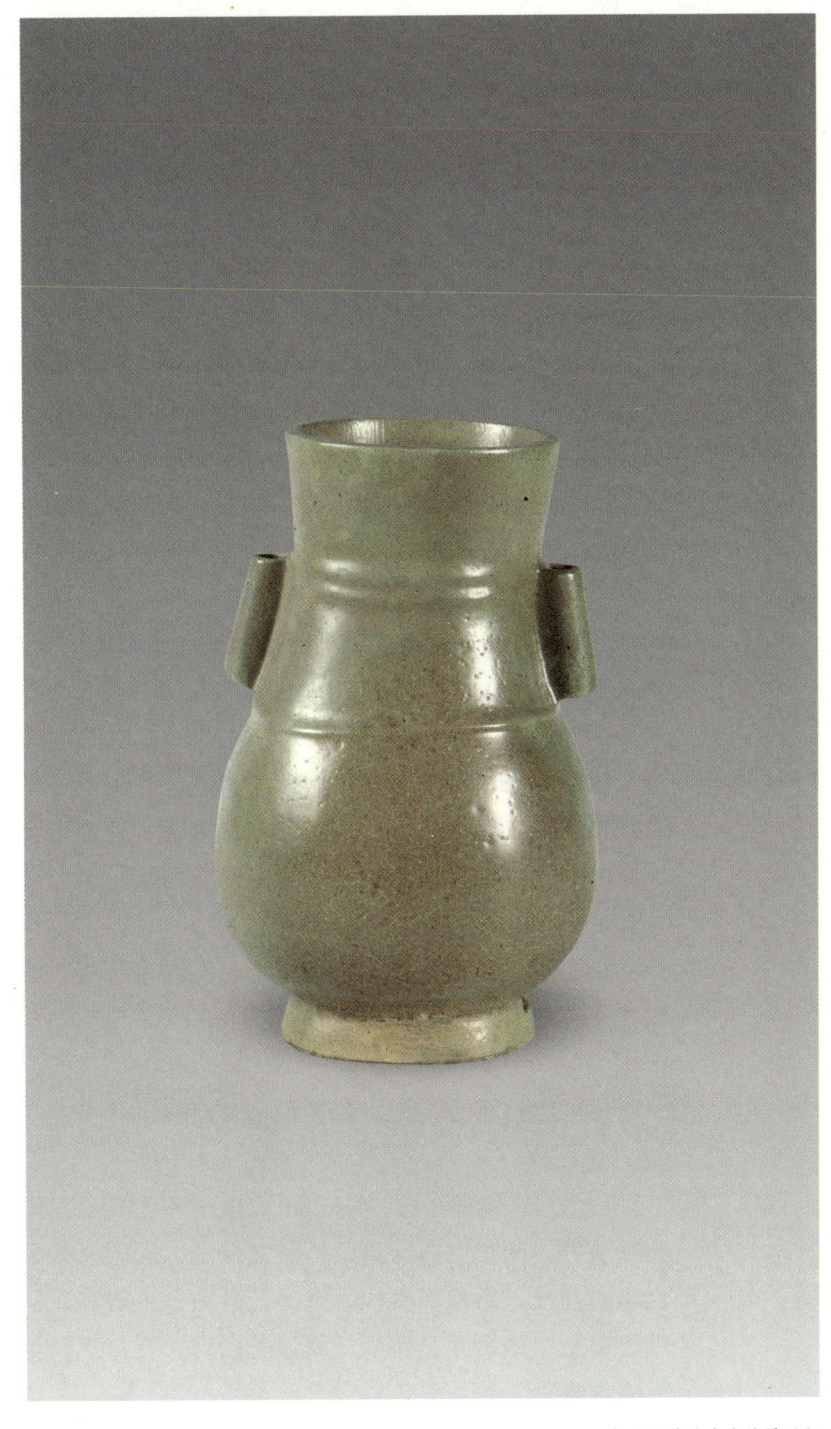

郊坛下遗址出土的贯耳瓶

着头,却不发一声,像两只小哑巴。赵扩跟杨皇后也都低低地说话,生怕一大声,就惊吓了这满园的杏花。

"花半开,月半圆,所有的好,其实就是将开未开、将圆未圆时,人永远陷在期待的涡旋里,是最幸福的享受了。"

杨皇后的这一番感叹,让赵扩想起第一次见到她的情形。那时,少女杨桂枝歌喉婉转,身姿柔曼,一颦一笑,清丽动人,两人相视,一眼万年。当时情形,可不就是眼下的花开未开时吗?他对她的渴望和情意,都是未知的、不确定的,却那般火热而迷人。

转眼五月,这一日皇上刚罢朝,杨皇后就遣人来请。他来不及换衣服,急匆匆赶到皇后宫中。

杨皇后满面春风坐在饭桌前。桌上,青瓷器皿里装着几样素淡的小菜,红红绿绿、白白黄黄,让皇上食欲大增。吃完饭,他才想起问皇后,叫他来做甚。

杨皇后笑着说:"官家忘了当日的约定了吗?春天跟我一起栽下的昙花,它呀,今夜要开了。"

赵扩焦急地站起来:"在哪儿?在哪儿?"

几个月未曾多在意,摆在面前的粉青釉莲瓣花盆里,枝叶茂盛,两个雪白花骨朵,圆鼓鼓地,层层叠叠紧紧包裹着自己,娇羞而固执。倒是花叶散开,搭在花盆的鸡冠瓣上,既娇柔又刚强,翠绿配粉青,在灯下,更显得清幽俊俏。

两个人分坐桌案两端,看看对方,看看花,不着一言，默默期待。五月天，气候变得暖热，要不是轩窗摘下，宫人在旁边轻轻摇着宫扇，赵扩肯定会在焚心的等待中更加心神不宁。跟他面前的热茶不同，杨皇后吃罢一杯凉茶，整个人清爽安静。赵扩想，要不是自己身体不好，在如此等待花开的夜里，定会喝两大杯凉茶，然后，神清气爽地与一朵初生之花对视。

子时，恍惚有一些细微的碎裂声，像是冰面裂开，鱼游过，又像树叶在夜里落下，也像一声隐隐的叹息。皇上跟皇后相视一笑，他们都知道，这是花开的声音。

那昙花，缓慢而持久地，像被谁的手一点一点地掰开，先是最上面的花瓣裂开，接着，里面的花瓣渐次伸展，一层一层、一瓣一瓣，直到裂开它淡黄的蕊心。赵扩从未见证过花开的过程，现在，在一朵花前，他看到了生命的艰难和神奇，乃至隐约看见结局和宿命。

洁白如雪的昙花微垂着头，在灯下摇曳生姿，花蕊微微颤动，一股幽香传到空气中。比兰香更清幽，也更悠长，那香气似乎是路过鼻息，最终走掉了，但心里却不知什么时候注入了茫茫一腔的香。

赵扩被香气陶醉，仰起头，闭上眼，恍惚中，竟听到了低低的耳语。他支棱起耳朵，但听不清，只有一阵喃喃。睁眼定睛，那两朵昙花跟它们扎根的花盆一样，周身裂开了无数的纹路，一条条，仿佛无数道流水，是时间的，也是记忆的。

此刻，这两朵昙花，也在专注而仔细地注视着面前的一切，珠帘、花瓶、茶碗、酒盏。当然，它们最终将目光聚焦在面前这两个人的脸上，一个圆月般充满幸福感的女人，还有一个眉眼满是畏缩和悲凉的男子。它们也像他们一样，相视一笑，开始缓缓地收起自己的瓣翅，从内瓣开始，有序而决绝地将整个身体关闭，花瓣上渐渐渗出潮湿的水意，让花朵萎顿下来。从盛开到闭合到凋萎，也不过一个时辰。那香气，那幽美，那心动，触目如故，却再不复重来。只有长长的喟叹，在暗夜的深处绵长地响起。

乌龟山二小说瓷

临安城外，乌龟山和桃花山之间的山岙中，一团淡青色的烟正缓慢地升起。这些来自郊坛下官窑的青烟，穿过山林，穿过树尖，穿过飞鸟，渐渐靠近并汇入云朵之中，仿佛连接天地的纽带，消息经由它们不断地传来递去。在流荡的清风中，来自天空的气息注入了蜿蜒的龙窑之中，一时，满窑的瓷器都被这股仙气所氤氲。无论是使用青瓷的皇家人，还是烧造青瓷的匠人们，都被这条看不见的纽带所信服，乃至他们都觉得，所有来自官窑的瓷品，是吸纳了天地精华，具有某种气韵的灵物。而与它们有缘的人，也成为极其幸运的人。自新皇即位以来，因为他号召节俭，以身作则，穿戴朴素，饮食器皿也不奢华，宫中用器大减，官窑烧制瓷品的速度也渐渐慢下来，工匠们一改以往的繁忙，时间变得充足以后，官窑烧制的器形也有了创新和大胆尝试。

这次启动龙窑，居然距上次隔了大半年之久，但窑里却有改造之后的新品，真是件令人期待的事。

有人正在作坊里跟管事的领工请假，管事的只说，尽早赶回来即可。那个被唤作二小的男子，一转身，便被人笑："是不是想媳妇了？"其他人没说话，却一个个笑得诡谲。二小不好意思地摸摸头,脸色有些微微发红。一个苍老的声音响起:"二小,别害臊,你问问他们,新婚时是不是也一样?"

工匠们哄然大笑。

那笑声一直到二小走出郊坛下官窑的大门,还荡漾在二小年轻的脸上。他一路急匆匆小跑,到门口却驻足,来回张望,好像在寻找什么。

一声轻笑从路边密匝匝的矮树丛中发出,一个圆脸圆眼的女子从里面探出脸来。

二小高兴地跑过去:"兰儿。"

自上次兰儿跟随父亲去皇宫并得遇扫阁之事后,时间已经过去十三四年了,当日五六岁的小女孩,如今已嫁作他人妇。她一直记得那个人衣襟下闪过的那一抹粉青,那种像火又像冰的感觉,让她念想了许久。可惜这十多年里,兰儿再没有机会踏入皇宫半步。她也曾哀求小姨,替自己在宫里找个差事,但每次都杳无音讯。她后来也想以菜农的身份去皇宫送菜,但也未能如愿。到了婚嫁之年,她听说对方在官窑当工匠,想都没想就答应了。

此时,她跟二小成婚已半年,事实上,这个略带意气的婚姻,确是天作之合,男子敦实憨直,女子轻盈秀美,关键是两个人有共同语言。跟兰儿一样,她的丈夫二小对自己所从事的活计极其满意,曾多次向兰儿描绘过官窑和它生产的瓷器,而每次,兰儿都热血沸腾,并强烈表达想去官窑看看的想法。当然,她也知道,官窑有规矩,严禁闲杂人进去。二小看她可怜兮兮的样子,又不忍心,两个人千思万想，终于想出个法子，那就是让兰儿到郊坛那儿，两人会合，然后爬到乌龟山上，远眺官窑全貌。

兰儿在家里等二小的消息，夜里常常无法成眠，她幻想那一日早点到来。

此刻，两个人相视一笑，二小抓住兰儿的手快速离开官窑大门。兰儿急切地问："怎么了，怎么了？"

"门前的侍卫看着呢，我们走远点再上山。"

两个人气喘吁吁地爬上乌龟山的山腰，将松树、樟树、槭树和各色花草们抛在了身后，穿过一片竹林，停在一块宽阔的石片上。一眼望去，面前真切地呈现出占地好几亩的官窑。

兰儿喘着气说："等你等了好多天呢。"

二小回过头，爱怜地笑笑："我也惦记着呢，最近赶工，这不刚闲了就捎话给你。"

"我也听说了，当今皇帝仁厚节俭，平日里穿戴都不新置，饮食器皿，都用旧的。这好多年了，估计宫里那些实用器呀，摆件呀，祭器这些，都旧了残了，所以你们这段才忙。"

"娘子懂得这么多呀！"

"相公，你看作坊里的人还在忙碌，他们在做什么？"

"来，不急，咱一样一样地看。制作青瓷的第一步啊，是要将取来的瓷土和紫金土粉碎，淘洗，再放入练泥池

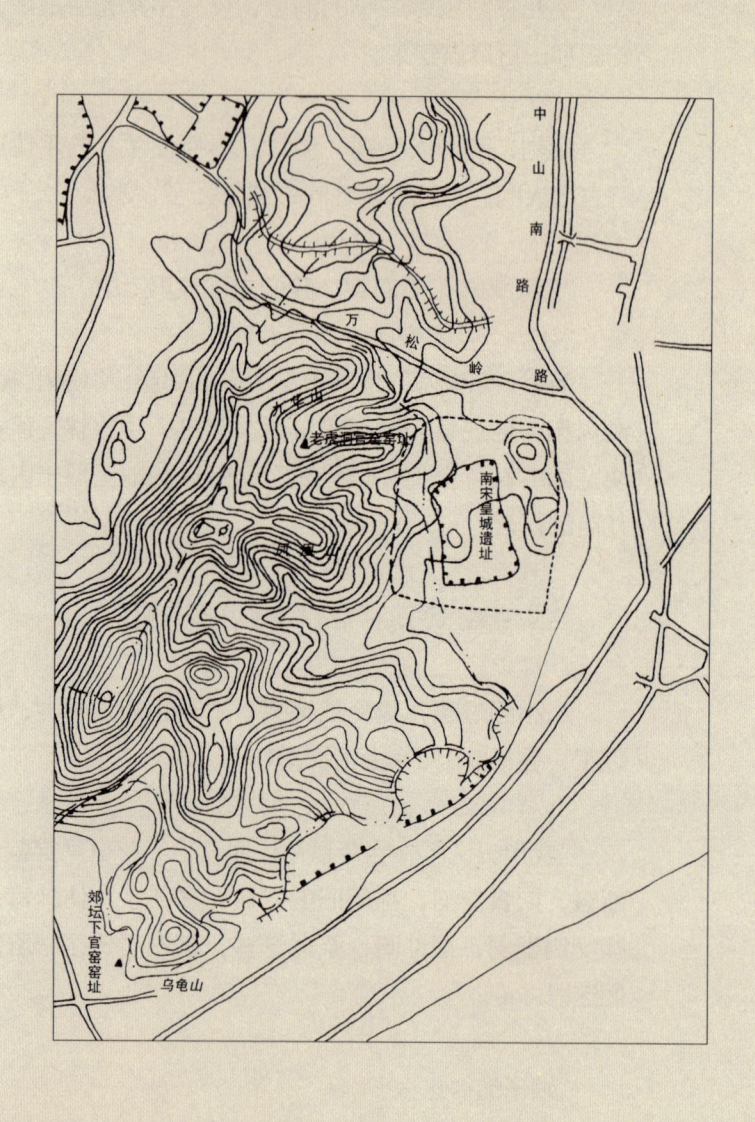

郊坛下与老虎洞窑址位置示意图

精加工。所以，你向窑北看，那个地方，那里有个大池子，就是练泥池，紧靠着的那处坐北朝南的三间开平房，就是制坯成型的工坊，你看见那个辘轳了没？"

兰儿的眼睛此刻睁得老大，恨不能从眼睛里再生出一双眼睛："哪能看到啊！"

"也是，在作坊内呢。辘轳是用来拉坯成型、修坯、刮釉的。辘轳下面有根特别长的木轴，把下端插入辘轳下的土里，顶端装到轮盘中心轴顶碗内，轮盘就快速旋转起来。轮盘上放入泥坯或者瓷坯，转动轮盘，就能进行拉坯成型、修坯或者刮釉等工序。你看，练泥池的南侧，素烧炉就在那里。"

"素烧是做什么的？"

"素烧就是对未施釉的生坯进行热处理。"

"也要点火吗？"

"是啊，御用的青瓷，一般都要烧两次，第一次毛坯烧制就是素烧。通过素烧，使坯体变硬，变干，变得更加坚固结实，这样不只保证了瓷器在使用中不易损坏，而且对接下来的上釉和上面点缀，就更好操作了。再往南，那三间作坊，就是上釉的作坊，那些大缸看到了吧，里面有釉泥，还有青瓷釉料，素烧过的瓷器到这里，要上釉，装饰，比如瓷器上面的莲瓣纹啊，龙纹啊，都是在这里加工好的。作坊区的东南方那座大房子，比前面的作坊建造得讲究，也结实，不是用木头支撑，而是用砖垒砌的，房内的地面，都是用砖砌成的，你猜那间房是干什么用的？"

兰儿早已听得目瞪口呆，看得眼花缭乱，二小这一问，她将目光收回来。她觉得面前的二小仿佛指点江山的王者，钦佩的笑意不觉从心头漫上颜面。

"做什么用的？"

"出窑的瓷器，就先储存在这里。你看，里面还有小房子，那是大工匠的工作坊，他们要将出窑的瓷器挑选、分拣，选出烧制完好的瓷器，送到宫里。"

"这么复杂啊！"

"我们近前走几步，往西看，看到什么？"

"看到一条爬下山的龙哎。"

"娘子聪明，这个长条斜坡式的窑，就叫龙窑。你看，龙窑头向下，尾在上，头低尾高。窑身随着山坡，从头至尾逐渐向上延伸，就像一条向下俯冲的龙。"

"还能隐约看见火光呢。"

"对，烧窑的时候，它就变成一条火龙了。"

"你看，最低处那里是火膛，火膛后面有隔墙，顶部有炉栅、火门、通风口和出灰道。龙窑里，平日我常进去，有窑墙、窑门、头柴孔等。尾巴最高处那里有个圆角的长方形建筑，那就是出烟的地方，那里的烟火柱也是用砖砌成的孔道，用来出烟。你看见烟了吗？"

兰儿手捂着张大的嘴，半晌才说："要是能进去看看多好啊！"

"你呀，不要做梦了。你不是老想着御瓷的样子吗？今儿我给你讲讲，官窑的瓷器，以青色为主，一般出窑的也就是粉青、灰青、米黄这三种色调。"

"一个窑口烧出来的颜色也不一样吗？"

"是啊，石灰碱釉是由植物灰、石灰、长石、高岭土、石英等原料配制的，由于胎釉配方不稳定，上釉次数的不同，烧造的温度不同，烧出来的瓷器自然就不同，同在一个窑中，窑口和窑尾的瓷色也会有差异。听师傅们讲，现在的瓷器，跟以前修内司官窑烧制的瓷器也不同，选择的瓷器上釉时以浸釉和荡釉为主，分薄釉器和厚釉器。薄釉器就上一次釉，上釉后以支烧具垫在底部，转入匣钵烧制，因器身满釉，仅留支钉痕迹，所以叫裹足支烧。厚釉器要上两次以上的釉，最多要上四次，入窑前，要将圈足底部的釉层刮掉，然后再放在垫具上。"

日头越升越高，乌龟山腰上的小两口，一个说得口干舌燥，一个听得痴迷不已。许久后，他们站立的地方，重又成为草木霸占的地盘。这时候，他们已经走在了临安街上，他们坐在一家小饭店门前，焦渴地喝着凉凉的酸梅汁。兰儿悄悄地说："什么时候，我们能拥有一件官窑烧的瓷器就好了。那样的话，我们就把它当传家宝，子子孙孙传下去。"

二小不怀好意地看着妻子，问："你的子，在哪呢？"在兰儿面红耳赤的当儿，伙计正端着两碗煎肉蝴蝶面向他们走来。

丹药瓶里的寄愿

自南宋与金国签订"嘉定和议"以后,边境上再未发生过大的战事。虽然两国皇帝之间的称谓由从前的侄叔改为侄伯,但赵扩心里并未觉得屈辱难耐,而是为自己无法存活的子女苦恼,他正在将更多的精力放在丹药的研制上,以此来强壮身体,延年益寿。

在位多年,他第一次要求官窑烧制一批生活用器,来更换那些使用多年的陈器,并特别嘱咐,要一种专门置放药丸的瓷盒,密封性要好。没有人知道,他心里充满了对重整河山的绝望,他从未生活过的、梦幻一般的汴京皇宫和北方子民,都渐渐成为不可抵及的梦。他更加沉迷于丹药的研制,并在臆想中,获取长生不老的奥秘,拉长生命时间。寝宫后面,他有一间专门用于炼丹的屋子,当然,这只是处于权力巅峰的人物才能知晓的绝密之所,除去右丞相史弥远可以自由出入外,连他的韩皇后都未进入过,这是整个王朝天大的秘密。这点上,史弥远倒是极其尊重赵扩的选择,乃至不用提醒,就会给皇帝送来炼丹所需的原材料,比如黄金、丹砂、水银、曾青、磁石、硝石、矾石、滑石、长石、石棉、云母等金属矿物,以及灵芝、茯苓、五倍子、覆盆子、天南星、皂荚、菟丝、朱草、鸡血藤等植物类的药材。那时,赵扩表面呈现出高兴的样子，心里却对他充满了难以表述的心理。对史弥远，他跟对韩侂胄一样，将国家大计极其信赖地交给他们，从不反驳。而中宫的杨皇后，那个叫桂枝的女子，随着年纪越来越大，也开始在乎一些以前不在意的事情。那年在杨皇后的参与下，史弥远在玉津园杀死韩侂胄，之后，韩侂胄的函首作为南宋王朝的筹码被送往金国，促成了两国间的议和。赵扩有时想，韩侂胄也算有功劳的人吧。由此，他生出终有一日，史弥远也会这样，成为筹码，阻止另外大事的发生的想法。只是，自己会不会也会成为筹码？他真是不敢想，也不能想。

他的活动范围越来越小：寝宫，大殿；寝宫，炼丹房。

春天来了，莺歌燕舞，鸟语花香。以往，皇后会来邀他到后苑赏花，那里有小西湖，有水月境界亭、澄碧亭，有芙蓉阁、清涟亭，特别是钟美堂，更是花团锦簇，群芳荟萃，承纳了天下最美的春色。而现在，即便春天盛大到快要凋零，她都不会邀请他走进春天。就像他的心思在炼丹上一样，皇后满腔的心思，都在那些花花草草上，她对官窑的要求，都在各种形制的插瓶和花盆上。官窑除去烧制必要的礼器和祭器，烧得最多的，就是花插和花盆了。那些形状各异的花插花盆里，都被她无一遗漏地插满或者栽植了各种花卉，它们在宫人们的修剪下，开成皇后想要的样子。

在皇后穿梭在花间陶醉的时候，皇帝也守在炼丹炉前陶醉。

官窑专门烧制的形形色色的药瓶和药罐，整齐地摆放在了几案上。这些器形小巧的药瓶和药罐，对郊坛下官窑来说，也是很少烧制的。工匠们效仿之前宫里专用的粉盒、水盂等精巧器，在形状上更接近春瓶，但体形要小得多，更玲珑，也更秀美。赵扩在寂寞的后宫日子中，最喜欢将一个个小瓷瓶放在手中把玩，来自瓷器的温润和柔滑，让眼前的时间变得多姿起来。他幻想，某一日，这只药瓶中，倒出一颗红色丹药时的惊艳。那时，他会毫不犹豫地吞下，等待身心在丹药的催生下，重现生机、力量和年轻的欲念。那时，他身边的女子，也有如瓷般的肌肤和温度，那是他生命中最幸福的时候，那幸福，来自丹药，也来自丹药瓶。

在炼制丹药的过程中，一些不尽如人意的丹药也会被装到丹药瓶里，那个小小的、细细长颈、小溜肩、开着细小而优柔开片的青瓷药瓶，似乎是一个分辨药丸成色和功效的鉴赏师。一夜或者两天之后，由鉴赏师呈给赵扩的丹药，首先是颜色发生了变化，其次，它变得晦暗，充满不祥的预感。那时，赵扩就会将药丸投进燃烧的炉火里。

就在这日复一日的迷醉中，他迎来了冬天的第一场雪。临安城一片雪白，西湖水因为有雪不停地落下而变成了青灰色。有人划着小舟在湖上赏雪，仿佛是沿着一片青瓷的阔面滑翔，徐缓而匀速，无声向前。

漫天飞舞的雪花，衬托着皇宫里的红墙碧瓦格外美丽。门外，响起了碎碎的跺脚声，那些粘在鞋底的雪，从脚底落下，变得黑青不洁。杨皇后身着一件褐绸厚褙子进来。

赵扩手里正把玩着一个青瓷丹药瓶，坐在火炉前沉思，扭身看见冒雪而来的杨皇后，不禁愣怔了片刻。恍惚中，他看见了多年前，那个美丽的女伶，她粉红的小脸，满是娇憨之气，她轻盼秀目，只看了他一眼。是啊，那一眼，就是一朵点燃的火苗，将赵扩点燃了。

第五章 风雨中觅渡

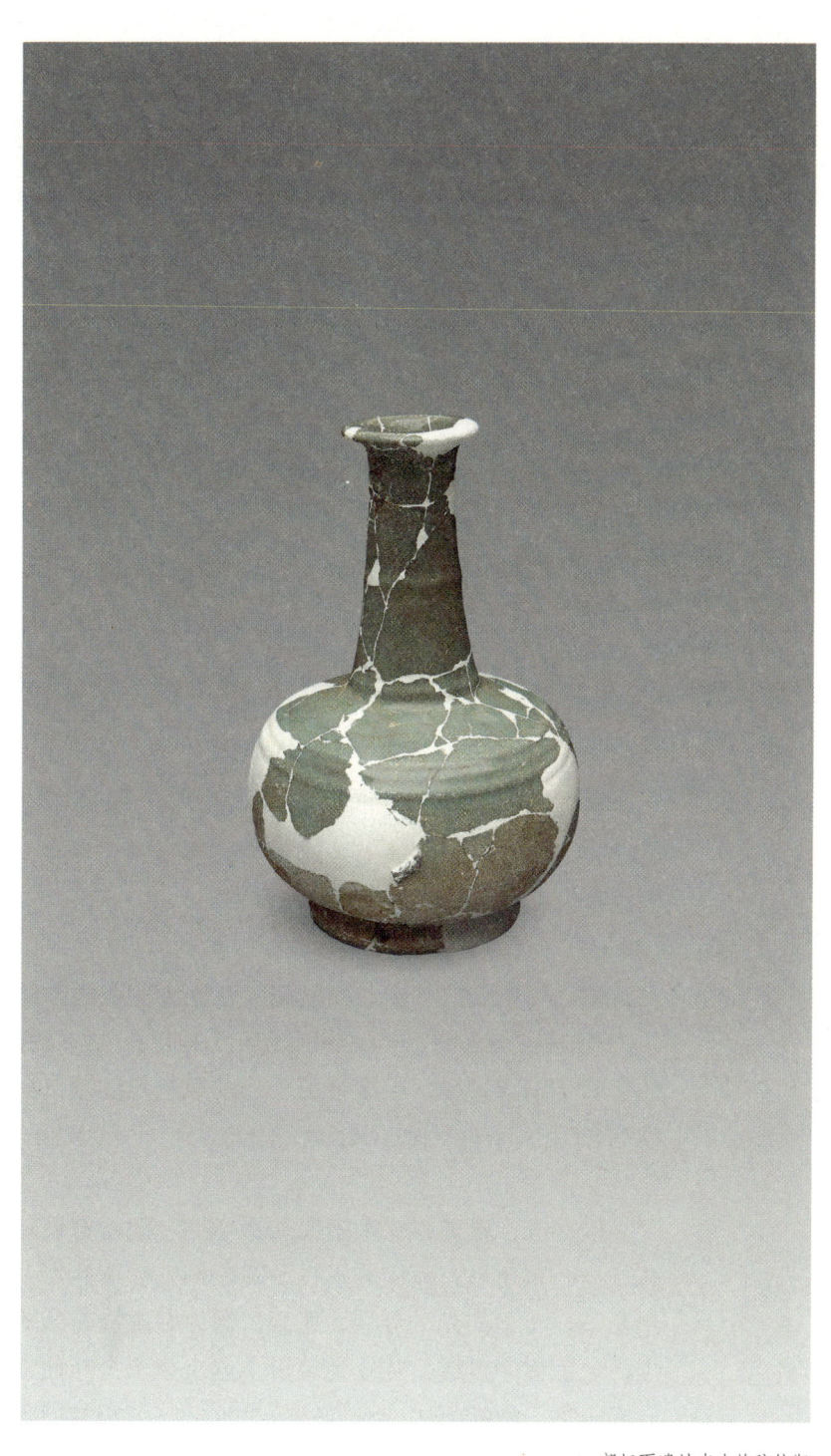

杭州风物・**HANG ZHOU**

郊坛下遗址出土的弦纹瓶

"官家，难得下雪，咱到后苑赏雪如何？"

杨桂枝比赵扩大几岁，历来都像姐姐一样对他宽容爱护，要不是当日韩侂胄事件的发生，他们夫妻，原本可以心无嫌隙，举案齐眉，互敬互爱一辈子的。

见皇上半晌也没答言，杨皇后便靠近前，轻轻地扯了扯他的袖子。

"有人进献雪狮子来，官家可去瞧瞧？"

赵扩沉吟半日，低低说："去明远楼吧。"

皇上难得出门，这可乐坏了那些侍卫和宫女。一时，整个福宁殿里忙乱起来。

那天傍晚，赵扩和他的皇后，双双对对地登上了明远楼，他们看见了铺天盖地的大雪，弥漫的雪气中，他们也看见了许多年前的亲爱时光。

第二年秋天，五十七岁的赵扩在连绵的秋雨中病倒了。那些丹药瓶里的丹药，他已经多日未吃了。更多时候，他会效仿道人打坐，手握着那个丹药瓶长长的颈，在默默的念叨中，忘记身处何处。

这一天，皇子赵竑来病榻前看望他。他看着眼前的儿子，心里还是有满腔的不甘，嫔妃们先后给他生了九个儿子，可是却无一存活。无奈，他只好重步前朝的后尘，从宗室中过继，并立为皇子。这个皇子个性独特，心高气傲，爱憎分明，赵扩在喜欢的同时，又极其担忧。太刚则易折，过盛则人远，虽然终有一天，皇子会明白这个道理，但眼下，他肯定要吃亏。

病床前，赵扩低沉而动情地规劝了一番皇子赵竑。

当赵竑告辞的时候，赵扩不知出于什么心态，将皇子的手抓过来，把自己手中那个摩挲出光华的青瓷丹药瓶放在了他手心。

他想说，自己当年熟读书论，幻想这一生平安度过，却被人赶到这皇位之上，勉强一生。他想说，自己修炼了好几年，吃了那么多丹药，以为会无病无灾，没想到，还是要辗转病榻，苟延残喘。

但他终是什么也没说，只是用昏茫的眼神盯着那个丹药瓶，看见赵竑慢慢地将指头收起来，轻轻地触在瓷面上。然后，那个带着他体温的丹药瓶，永远地在他眼前消失了。

第六章 暖风中的繁华幻境

梦魇般的遗物

　　正在等候死亡召唤的赵扩做梦都没有想到,一场废立皇子的阴谋,正在宫廷之内悄悄酝酿。而那个意气风发、胸怀抱负的赵竑,也一直以为皇权触手可及,特别是当父皇将手里的心爱之物交于他之时,他胸中升起一股被托付、被信任的豪情和意气。那一刻,他觉得自己已被时间推到了皇位上,只要一抬脚,天下就会跟手中的丹药瓶一样,紧紧地掌握在手心。那时,他会铲除奸佞,整顿朝纲,做一个爱民如子、清正廉明的好皇帝。

　　秋天的雨,就像止不住的眼泪,隔几日就来一场,明明夜里繁星点点,早上却要被淅淅沥沥的雨从梦中敲醒。皇子赵竑醒来时,窗外昏暗无比,似乎黑夜的时间突然拉长,变得毫无意趣。贴身侍从进来,近身低语道:"官家昨晚殡天了。"

　　虽然早有心理准备,但这消息还是让他不知所措。他看着窗外黑沉沉的天光,低头从枕边摸到那个丹药瓶握在手心。昏暗中,他看见瓶颈上的裂纹更密更稠了,仿佛他的心事,就要破怀而出。

　　他连忙洗漱更衣,匆匆忙忙吃了一口饭,然后等待宣召进宫。

他想起前年儿子出生时，父皇一改之前凡事不多言的习惯，召自己进宫，高兴地聊了很久，并为自己的儿子赐名赵铨。铨，衡也。可见父亲对皇孙的期待有多大，当时授任左千牛卫大将军。可惜，这个叫赵铨的儿子却夭折了，他难过极了，觉得辜负了父亲的一番心意，但父亲安慰他说："你还年轻，以后会有许多子女的。"他低着头没有答言，失子的哀痛，让他突然理解了面前这个年过半百的老人无法说出的苦楚。他曾有过九个儿子啊，每个儿子都是他的期望和热爱啊，九个儿子，就是九种期望和热爱，那是多么饱满而富足的期望和热爱啊！可惜，他们竟然一个个义无反顾地迅速从人间消失，将一个父亲繁多的期望和热爱化为乌有，他得有多痛苦乃至绝望啊！赵竑不禁拉住父亲伸过来的软绵绵毫无力道的手，贴在自己的脸上。那一刻，他觉得自己担负了重任，他不只要给予面前人孝道，还要替他完成心愿。

而现在，老人撒手人寰，他的责任感让自己心急如焚。他不能辜负父亲的养育和信任，不能辜负天下人对皇家的期待。

可是，一个时辰过去了，宣召的使者还没有到来。这种略显异常的情形让人生疑。但他不能违抗规矩和制度，没有宣召，他不能闯宫啊！

时间凝固成一块石头，化都化不开。他心神不宁地坐在那里，凝视着手中的小小丹药瓶，它在他手中泛着隐隐的光。那光，是父亲的体温和心血凝结而成的吗？还是大宋这片热土的结晶物？他将小瓶打开，里面缓慢地散发出一股奇异的药香，他放在鼻子下嗅了嗅，想象当日父亲孤独而无望的样子。眼里落下的泪水打在了瓶

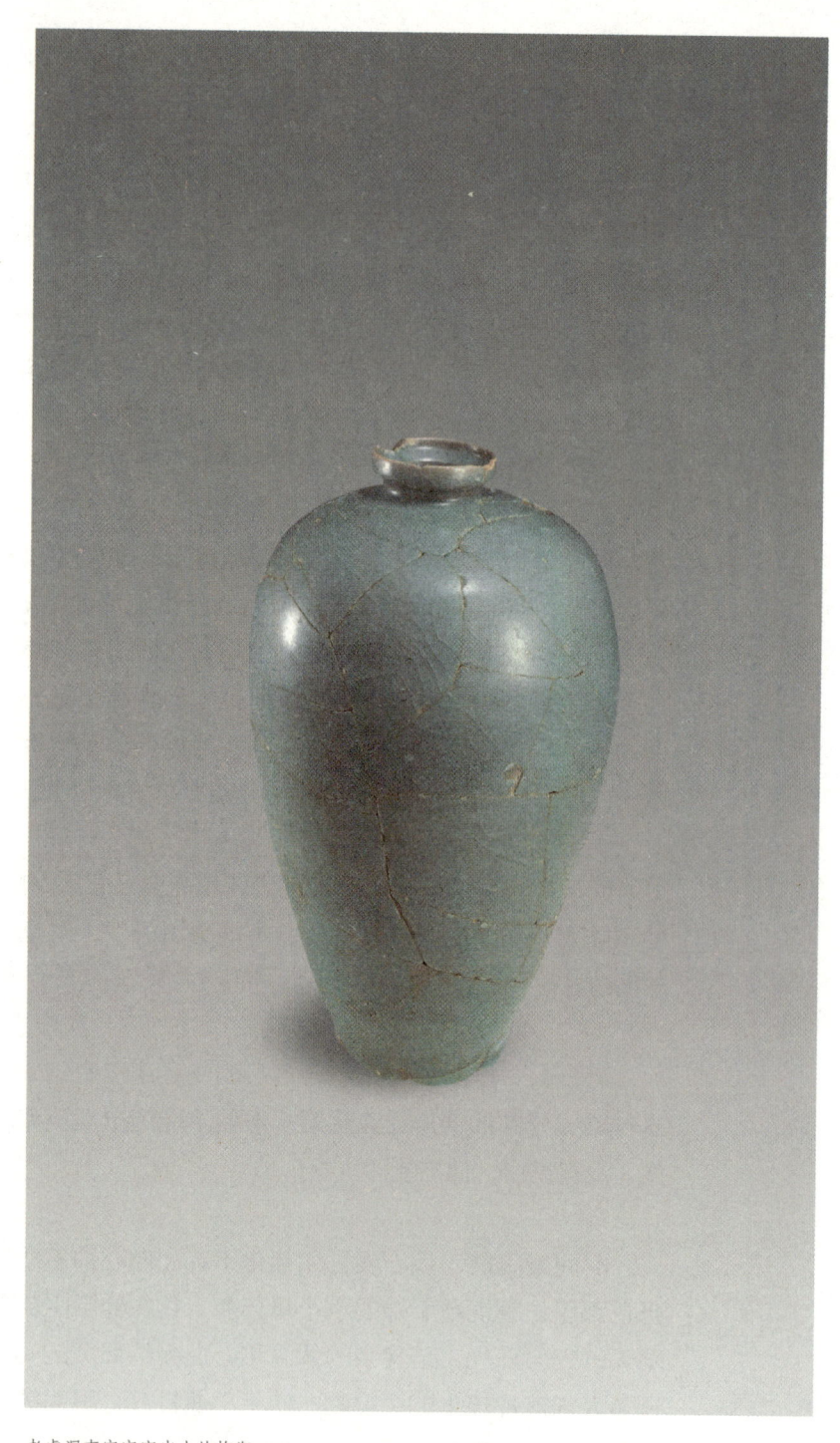

老虎洞南宋官窑出土的梅瓶

子上，泪水洇到瓶颈的裂纹中，恍惚间裂纹的缝隙变成了沟壑，里面布满诡谲而不安的洪流。

午后，雨停了。鸟雀叽叽喳喳地重新鸣唱起来，窗前的鹦鹉谄媚地附和着众鸟，愣是一起将天空的幕布使劲地拉开，日光隐约现出，空中一片青蓝。赵竑心里那股难掩的忐忑，在明亮的天光中驱散了许多。或许是因为下雨，耽搁了宣召吧。他胡乱地喝茶，又喝了几杯温酒，暗暗克制自己，不能乱了阵脚。但这天大的事，宫里安静得有些诡异，他实在忍不住了，走到宫门的影壁后面，悄悄向外观望。也巧了，几个使者正在走来，看样子应该是来宣召的。赵竑心下松口气，正要返回，却见那群人从门前一晃而过。他疑惑地站在那里，不知这葫芦里卖的什么药。果然，不久那群使者簇拥着一个人又从宫门前走过，他努力地睁大眼睛，想看清那个人的身形面貌，但天色昏黄，到底也没看清。

等了好久，召见他的消息才报来，他闻命急忙入宫，心里焦急如焚。奇怪的是，每到一座宫门前，禁卫兵就拦拒他的侍从，这是之前从未有过的事啊！但他又想，或许是皇帝哀礼的缘故吧。

一入福宁殿，殿内全部罩着白纱，侍从也戴了孝，史弥远把赵竑引到灵柩前行哀礼。他想近前一步看看父亲的容颜，却被史弥远拦住，并请他走出灵帷。

这一夜，他为自己没能像儿子一样守在父亲的灵位前愧疚，不是他不想，实在是皇后坚持让他回宫，他不知这些人怎么想的。

第二日依旧阴雨绵绵，上朝时，赵竑的官鞋都湿透了。脚底的冰冷，通过双腿，一点一点向上蔓延。等他发现自己仍然在原来的班次候命时，心里极其不解，转身问旁边的殿上元帅夏震："今天的事，我怎能仍在这个班次？"

夏震面无表情地看了他一眼，低声道："等到遗诏宣布之后继位也不迟。"

赵竑这句带有试探性的问话有了答案，他松了一口气。

再抬眼，远远看见烛影中有人坐在御座之上，恍惚是父皇赵扩，他心下一悲，那个人，永远地离开自己了。

这一晃神，就听得门宣赞开始宣读遗诏："遵先皇遗诏，皇子成国公昀即皇帝位。尊皇后为皇太后，垂帘同听政。"停顿片刻，大声高呼："百官拜舞，贺新皇帝即位！"

赵竑眼前一黑，就像天地崩坍般让他震惊和诧异，有人上前来，按住他的头强行下拜。

他怒喊一声，努力挣扎着头上的重压。

杨皇后远远地看着他，那股来自双腿的阴冷瞬间浸入心里，彻骨寒意，让他不禁打了个寒战。

"皇子赵竑开府仪同三司，进封济阳郡王，判宁国府。"

先帝遗诏，铁板钉钉，再无回转的余地。

赵竑不知自己是如何走出大殿的。雨势渐渐增大，雨点啪啪地打在他的脸上，他知道，这辈子，估计再也不可能登上皇位，掌管南宋江山了。

济王赵竑的脸上和心里，满是雨水般冰冷的泪水。雨水顺着衣袖，滴到地上，汇入更多的雨水。赵竑手里攥着的那个瓶子并没有凉下去，依旧温热如初，让他怀疑刚才发生的这一切。

雨要是一堵墙多好啊，那样，他就不用看见那些欢天喜地的朝臣们出来进去，无视他的存在。但可惜，雨什么也抵挡不住，乃至会加速事件的生发速度，让人心变幻，遗忘，腐朽。

夜里，灯下，他将那个来自父亲的赠予放在桌案上，他问它：到底发生了什么？它沉默不答。他问他：你交给我这个礼物，是什么意思？是早知今日的一切，还是害怕发生变故而生出的愧疚？早已走脱人间的那个老人，依旧懦弱地沉默着。只有秋雨连绵不绝，淅淅沥沥，敲着纱窗，像一个哭泣着的、忏悔着的灵魂。

直到几个月后，在湖州的济王府，几把刀架在他的脖颈上。那种来自刀锋的冰冷才让他明白，原来，父亲给他的丹药瓶，是一个无法打破的魔咒，而父亲跟他，就是受到诅咒的人，只有死亡，才是打破魔咒的唯一方式。

颈项上的白绫，一点一点勒紧，一阵一阵无法抵抗的窒息，让他不得不松开手。那个泛着微细的诡秘而悠长光芒，带着先皇气息和托付的青瓷丹药瓶，仿佛被看不见的某种东西拉扯着，晃悠悠下坠着。当它触地之时，不甘心地向上弹去，并幻想那里有一只接迎它的手，宽大、温柔，带着无边的爱意。但没有，那里空空荡荡，只有人间巨大的冷漠堆涌着。它长长地哀叹了一声。赵竑无限留恋地注视着炸裂成无数瓣的瓷片，他看见了温暖的光芒，看见了充满泪水的眼睛。在咽气的那刻，他知道，魔咒终于被打破了。

双耳尊和鼎式炉

　　登上皇帝宝座的赵昀，对一夜之间天翻地覆的人生变化，产生了无边的错愕感。尽管很小就听说，自己在出生前，父亲曾梦到一个穿戴紫衣金帽之人来拜访，他在惊讶中醒来时，但见屋内光华灿烂，彤光映天，仿佛白昼。不几天，赵昀就出生了，那时家人听到外面车马喧哗，极其热闹，跑出去观望，眼前却空空荡荡。母亲有次还说，他小时白天睡觉，身上竟然隐隐出现闪光的龙鳞。所有这些，似乎都是上天设下的一道谜面，暗喻着在某时某刻，他会有一次特别的经历。

　　就像他的名字，从赵与莒到赵贵诚，又到赵昀，他暗自觉得自己更像命运的傀儡，不断地更换名字，来逃脱或者迎接某段命运的到来。显然，他的赵与莒时期，是一个艰辛的、颠簸的、无路可走的时间段，在这个时间段中，他度过了梦幻般再也不重来的童年，之后跟随母亲，在舅舅家居住了近十年。寄人篱下的生活总是忧心的，且时时带着万分的小心，他会接纳全部的委屈来让舅舅和母亲觉得他隐忍大度、有男子气，但每当受到表兄妹有意无意的奚落时，他总会躲到没人的地方哭泣，并掀开袖子，试图发现身上的龙鳞，来向表兄妹证明，自己远非普通人的身份。可惜，那个不断在母亲乃至亲戚间传说的带龙鳞的传说,再未出现过。

在他的赵贵诚时期,生活上有了质的飞跃,作为沂王嗣子,皇家的体面让他在表面上的确扬眉吐气了。之前表兄妹的冷嘲热讽变成了恭维,但他已不屑他们的丑态嘴脸,他像一个真正的皇家子弟那样,威严而宽仁,脸上挂着长久而高贵的微笑。每天深夜,他会醒来,用手摩挲着这皇家的锦被,眼泪涌出眼眶。事实上,较之前,他的不安和寄人篱下的屈辱感更深了一层。有时他会穿衣起身,在宽大的寝室里来回走动,眼前是琳琅满目的陌生物品——桌案、书架、床榻、圈椅、长几,一摞摞书籍,砚台,笔筒,粗细不一的笔,黑眼睛般排在一起的墨。一只青瓷水盂的眼帘垂下,仿佛在说:你不是我主人。插花的花瓶隐在花下,恍若陷阱。而八卦熏炉里的炭火早已熄灭,它的一半藏在阴影里,另一半被烛光蛮横地拉进光源。他走到了桌案上那只米白釉的双耳尊前。这种造型来源于远古青铜酒器的容器,经过数百年的流传和变迁,从曾经的礼器衍变成了现在的陈设器,用来装点这偌大的寝宫,仍然携带着青铜时代特有的质感,冲击人的灵魂,彰显着君权神授的气息。他伸出手去触摸它的双耳,釉瓷的光滑沁润感还是吓了他一跳,他忍不住缩回手来。再伸手出去,就碰到了它的方口、长颈、折肩和腹身,烛光下,它周身的开片像水的涟漪、海的波浪,晃悠悠地荡来荡去,他竟然感觉自己变成了它们中的一条、一道、一片,而不是作为人的存在。那些开片,最终化为梦里纷纷扬扬的鳞片,像一张网,紧紧地附着在他身上。在沂王府,那种成为棋子的不自由,让他对未来不生任何幻想。连同梦境,都是过去年月里的不安和焦虑。

现在,他迎来了生命赋予的作为赵昀的皇帝时光,这个略带逼迫的、带有某种傀儡身份的地位,有多少人

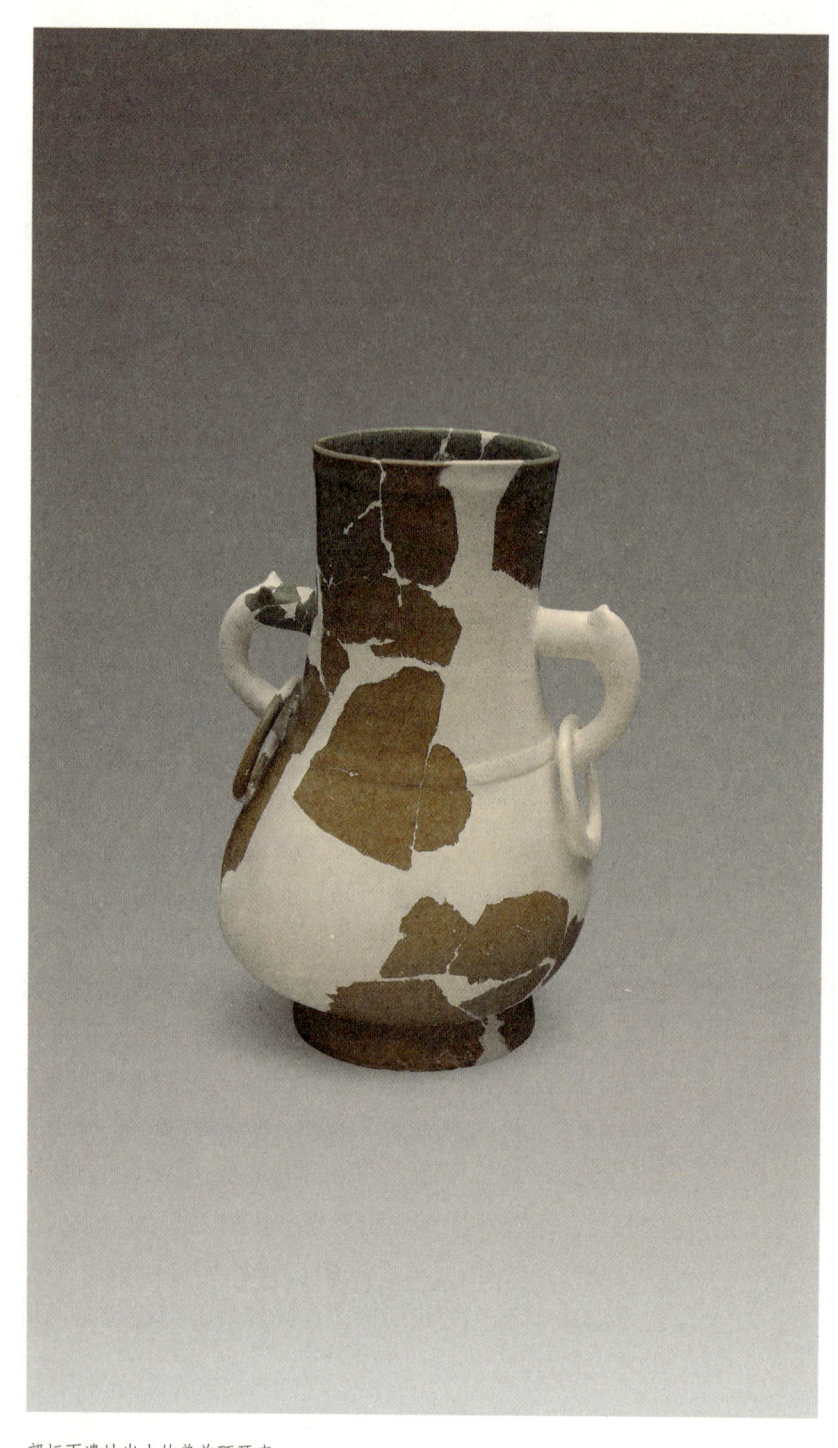

郊坛下遗址出土的兽首环耳壶

向往着、远眺着也不得靠近的地位，就在那个阴雨的黄昏，降落到自己身上。那一刻，他不知道自己身处何处。他悄悄掀开衣袖，那些标志着贵气的龙鳞并未显现。或许，它们从未出现过，是具有远瞻性的父母，像天下所有期待子女飞黄腾达的父母一样，怀着侥幸和自欺欺人的心理，臆造了一个美好的传说，并扩散出来？但也或许，他原本就是那只双耳尊，在锦衣下裹藏的，是纷纷的裂纹，带着暗伤和隐痛，带着无法躲避的戏弄和被摧残的命运。

如今，当他坐在皇帝宝座上的时候，所有这些都不重要了，他已经是一国之君。虽然帘后还有一个杨太后，但有什么关系呢？

搬到福宁殿的第一个晚上，史弥远竟然随他进了寝宫。赵昀知道，他并不是被信任的君王，但他还是转身对史弥远说，把沂王府那只双耳尊搬过来吧。

史弥远大约觉得这是一件再小不过的事了，或许觉得赵昀从未见过贵器，所以对一只尊瓶表现出喜爱之情，也是正常的。也或许，因有更重要的事需要他提点，所以不屑反驳。总之，那只双耳尊重新摆上了赵昀新寝宫的桌案，在比沂王府明亮十倍的皇帝寝宫，它的类金似铁的开片中，带着一股犹疑的喜气。

十月的临安，天气晴朗，万物生机盎然。这一日，在杨太后的安排下，史弥远和一干大臣陪同新皇去往紫阳山下的太庙祭祖。

车辇离目的地越近，赵昀就越紧张，乃至走下车辇时，竟然满头大汗。但没有谁关心这些，等待中的礼官迫不及待地领着赵昀开始拜祭。

这座建于宋高宗时期的太庙，经过近百年的完善和修筑，已经成为一个具有规模的建筑，十三室依照皇帝先后排列，第一室是太祖室，接下来依次是太宗室、真宗室、仁宗室、英宗室、神宗室、哲宗室、徽宗室、钦宗室、高宗室、孝宗室、光宗室、宁宗室，每室中已故皇帝的神位旁边，配享已故的文武功臣。每入一室，赵昀都会觉得肩上一沉，仿佛有人的双手压在了他身上。他知道，这是整个大宋朝的重量，故去先帝的神位就像矗立着的石板，一列列要压向他。一阵惶恐袭来。当他从高宗的神位前站起来时，眼前一黑，要不是身边的史弥远拉他一把，估计他会摔倒在先帝跟前。

他拜完最后一室，在长舒一口气的当儿，才开始环顾左右。这里有用瓷器仿照青铜做成的笾、豆、簠、簋等祭祀器皿，上面摆着满满的贡品。一只鼎式炉吸引了他的目光，这是一只朝天耳鼎式炉，略收口，撇足，两耳光滑，口沿平润，开片密集，下有一圈卷草纹，炉腹处是折枝菊花。炉内，焚烟袅袅，四散开去，一些升起，一些平移，还有一些缓缓地落下，绕着那朵折枝菊花，仿佛它们汇聚一处，在做一件只有它们懂得的事。赵昀禁不住俯下身来，试图参与其中，洞晓它们的奥秘。

侍从进来，提醒时候不早，该起驾回宫了。他这才直起腰身，缓缓地向后退着，告别着眼前的一切。自己百年之后，这里有没有可能有他的容身之地？他的牌位前，也像先祖们一样，供奉着丰盛的祭祀品，也有高香缭绕不熄吧？

一个激灵，让他将这想法掐灭了，心里生出浓郁的自责，忘了自己是没有未来的人。

在鼎式炉周边缭绕不熄的烟雾中，他再次向前，跪在了父皇赵扩的神位前。他抬起双眼，凝望着神位上的描金字，然后将头深深地抵在了地下。他感谢面前的这个灵魂，如果不是这个人，他就没有机会从舅舅家搬出来，不可能进入皇宫，更不可能登上皇位。虽然，自己不是面前这个人心愿里的皇子，但这有什么关系呢？赵昀生来就是做摆器的坯子，那个关于龙鳞现身的传说说明了一切，既是摆设，天底下做皇帝这个摆设，才是最荣耀、最正确的事，即便永远是杨太后的摆设，是史弥远和朝臣的摆设，也没关系。

"哪怕死后，成为面前这只鼎式炉，成为先皇神位前的一件陈设器，也是我情愿的事。"

侍从看见他不停翕动的嘴唇，却听不见一个字。

寿庆节上的琮式瓶

五月十六是杨太后的生日,也是赵昀即位以来的第一个寿庆节。

前不久,杨太后向百官宣布撤帘,赵昀曾请求太后继续垂帘,但太后拒绝了。虽然太后撤帘意味着赵昀将迎来真正的皇权时代,但他并无如此的野心,乃至他觉得,太后在某种意义上是自己的后盾,有力量和威望压住眼前这一干朝臣,迎对繁琐的国事。当然,太后跟史弥远之间的默契和信任,让赵昀有些微不爽,但目前情势,朝廷还离不开史弥远等一干旧臣,他觉得太后垂帘对自己更有好处。所以,眼前的寿庆节,是一个请求太后回归的最好场合和理由。

为此,他一直思忖,除去绫罗绸缎、香车宝马、金银珠宝、香料古董这些惯常的物品,送一个什么样的礼物,才能讨得太后欢心。

杨太后其实是一个喜欢华丽服饰、珠玉珍宝的女人。在前朝,虽然她附和皇上提出的宫廷节俭政策,吃穿用度上减少了一些开支,但她从未降低过自己对穿戴的标准。赵昀上任之初,和大臣们一起坚决请求她垂帘,执

第六章 暖风中的繁华幻境

郊坛下遗址出土的琮式瓶

掌朝纲，以理国事，并拨付更多的银两供给太后用度，这样一来，太后极其满意。官窑又开始了忙碌的烧制，除去祭器，其他的生活用器不停地送进宫廷，不长时间，原有的旧器全部被更替一新。赵昀提议，将太后那些旧花盆也全部换掉，这让太后更是喜上眉梢。

但是，这些都不是萱寿礼物，寿庆节，当然要有特别的礼物，方显自己的诚心。

这一日，正好礼部呈上一册官窑制作图，是为南郊祭祀准备的祭器图。赵昀掀翻着，突然被一幅吸引住了。

他问："将此器改良成一件器形略小的瓷瓶如何？"

礼官近前一看，原来图上画的是一个玉琮，便说："臣下这就吩咐下去。"

不日，礼官将官窑设计的草图又呈上，但见上面是一只天圆地方的琮式瓶，有玉琮方柱的外形，长身、圈足，口、足大小相若，圆口、短颈，器身四面有凸起的横线装饰，内圆外方，上下通透。赵昀满意地点头，吩咐尽快试烧，一定要在寿庆节前完成。

五月转眼就到了，火红的杜鹃花紧随凋谢的桃、杏、玉兰、海棠花们，绽开了俏丽的容颜，整个皇宫都被这些艳丽的花朵装点得无比绚烂。而宫城外的临安，更是焕发出青春的光芒。也是，一个新皇帝就预示着新气象的到来，经历了好几个朝代更迭的临安人深谙其道，御街上的繁华一日也未褪去，勾栏瓦舍，彻夜灯火，歌舞不断，酒肆茶坊，人来人往。皇宫里发生的一切，虽然很快就在百姓间传开，但他们并不担忧自己的生活，他们怀着乐观的心态，勤勉而恣意地活着。

寿庆节这天，杨太后早早起来，梳洗一番，吃罢早膳，小宫女捧着一碗刚刚泡好的团茶进来，那是福建进贡来的新茶。杨太后将茶碗从茶托上取下，掀开盖子，一股新茶的清香味道迅速氤氲开去，小宫女禁不住吸了吸鼻子。

第一拨礼物送来了，当然是来自皇帝赵昀的。几个宫女捧着托盘进来，杨太后笑眯眯地听近侍报出的物品名称。

第二拨礼物又送来，这是近臣们的礼物，有金银器，还有字画等稀罕玩意。

第三拨礼物又是皇帝的，全是金银、珠玉、绢帛。

有人送来一个琉璃盏，晶莹透亮，小巧迷人。

有人送来一幅《墨龙图》，是当世有名画家陈容所画。陈容擅水墨，据说他喜欢酒后作画，脱巾濡墨信手涂抹，泼墨成云，噀水成雾，但见画上龙身俏丽，又不失泼天气势。

第九拨皇帝的礼物又来了，杨太后笑得合不拢嘴。这一次，看到锦盒密闭，她就亲自上前打开它。于是，一只粉青釉的琮式瓶，清泠泠、俏生生出现，她眼前蓦然一亮。但见整个器物施满釉，釉面光洁，釉色清朗，青莹如玉，开裂匀称，圈足的添加不仅没有减弱琮的庄严，更增了一份灵活和雅致。她把它放在桌案上，方柱形的琮瓶散发出温柔敦厚的气韵，为整个屋子增添了一份雅贵。

身后，突然响起一个声音："母后，寿诞吉祥。儿祝母后万寿无疆，千秋万代。"

她回身，笑着扶起赵昀："这件礼物，是母亲今日最喜欢的一件。"

这句话一说出，赵昀的心，复跌回肚里。

"内圆外方，天圆地方，我记得《周礼》里有'以玉作六器，以礼天地四方。以苍璧礼天，以黄琮礼地，以青圭礼东方，以赤璋礼南方，以白琥礼西方，以玄璜礼北方'这样的句子，这琮式瓶沿袭了玉琮的形制，寓意也颇为吉祥，真好。"

见杨太后如此高兴，赵昀又躬下身子。

"母亲，儿有事相求。"

"今日儿有什么事，寿星我都应了。"

"当真？"

"当真。"

"那请母后重新垂帘，与儿共同执掌朝纲，以理国事。"

杨太后喝了一口茶，缓缓地将茶碗放回茶盏里。"不是老身不答应，是我大宋朝的祖训而定。我已违过一次，这次定不能违背太祖、太宗定下的后妃不得干政的祖宗家法，不然，会引起朝野上下不满。你的心意我明白，你且安安稳稳，放心地当好皇帝，要对得起列祖列宗，对得起满朝文武，对得起天下百姓。"

赵昀迟疑片刻,说:"儿实在是年轻,没经验。全凭母后驰援。"

杨太后用手拍了拍他的肩,那种熟悉的重压又袭上肩头。赵昀双腿一软,竟跪下去了。

直到门外响起史弥远的声音,赵昀方仓皇地站起来,恢复了皇上的体面。

那只琮式瓶被杨太后摆在了慈明殿最醒目的位置,每个进入的人,都会不自觉地与它对视,而它器形的庄严感以及自带的来自时间深处的神秘气息,每每引人心中一震。

第二年,皇帝加太后尊号为寿明,又过两年,再加尊号慈睿,在杨太后七十岁上,皇帝率领百官朝拜慈明殿,尊封她为寿明仁福慈睿皇太后。

由于身体原因,后来她很少迈出慈明殿一步,宫人们按照皇上的要求,将稀有罕见的花品搬到殿内。花开的喜悦和花落的遗憾让杨太后的生命时间过得飞快。那件寿庆节的礼物,在岁月的浸淫中,缓慢持久不断地悄悄绽开更多的开片。老年的杨太后拄着凤杖,倚立于它面前,终于明白,那是赵昀把自己送给了她,让她放宽担忧的心而已。

蟋蟀宰相那些事

作为赵昀的小舅子，贾似道是一个熟读四书五经、上知天文、下知地理的人才，先后做过司仓、太常丞，一直到右丞相兼枢密使。而他有一个举国皆知的爱好——玩蟋蟀。这个爱好来源于父亲贾涉去世的那段日子，虽然有母亲胡氏严加看管，他还是会在空暇时偷偷跑出去，跟那些喜欢斗蟋蟀的小伙伴们厮混在一起。那时，他的蟋蟀是在自家院墙根逮的普通蟋蟀，当然，每次跟人斗，差不多都会战死沙场，光荣牺牲。

他喜欢这种操控他人的争斗，那一刻，自己像一个局外人，不，更像一个处身事外的天神，面对两只或者更多只蟋蟀之间的你死我活而喜笑颜开。每次，当他拿着用竹子编成的空笼子回来时，心里想：等我长大，我一定要拥有天下最厉害的蟋蟀，一只、两只不够，要一支蟋蟀队伍，走遍天下，成为蟋蟀王爷。

命运似乎就是按照他的想法亦步亦趋地排铺开来的。当他的姐姐成为皇上赵昀的贵妃之后，他觉得自己掌管蟋蟀王国的梦也即将实现。

当然，这个梦根本无法放在台面上，只适合深夜里

第六章　暖风中的繁华幻境

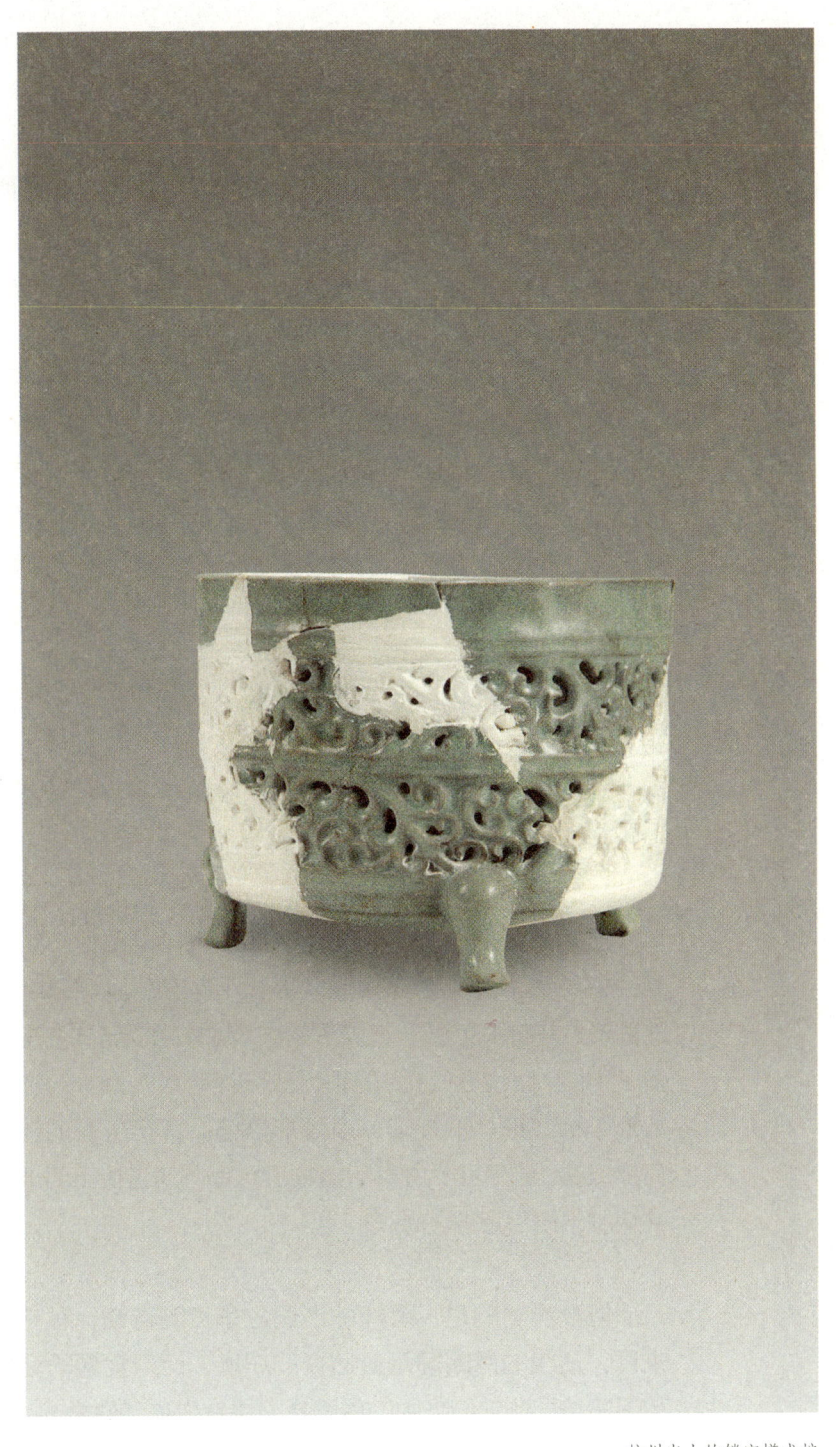

杭州出土的镂空樽式炉

幻想，私下里渴望。

他将更多的时间，放在了国事上，并为之付出艰辛。开庆元年（1259），蒙古兵分三路南下攻宋，一时朝野大震。贾似道受命带兵救援鄂州，苦苦坚守了四个多月，对方见攻城无望，不得不撤军，从而解除了蒙军对南宋虎视眈眈的威胁。

作为有功之臣，他被朝廷加任少傅，正式入朝为相。也就是从那时起，他的爱好可以公之于众了。于是，满城文武，包括宫内的宦官和宫女，人人都知道贾相喜蟋蟀成痴，而姐夫赵昀，更是令官窑专门烧制贾相所需的蟋蟀罐。

民间的蟋蟀罐，又叫盆，材质多以石、陶、竹子、木头为主。当然，因为蟋蟀喜阴，喜潮湿，畏光，多夜间活动，最喜欢栖息在砖石、瓦砾之中，泥浆制作的陶罐也最符合它的习性。

但宰相异想天开，觉得他的蟋蟀也可以跟他一起享受皇家尊贵，便大摇大摆进入郊坛下官窑，画下蟋蟀罐的图形，并吩咐工匠一一按图制作。蟋蟀罐以鼓式为主，盖子下凹，有钱形气孔。但也可效仿其他器形，做成圆形、方形、梅花形、瓜棱形、扇面形等等。官窑工匠的技艺日臻成熟，似乎世上所有的器物形状都可通过抟土而成，并烧制出出乎意料的成器。

但没料到的是，蟋蟀并不适应华贵的青瓷，对它们来说，透气的黑陶罐是最适合的居所，而青瓷罐的窒息和不适感，让它们当中的体弱者很快就失去了性命。

之后，贾似道便命郊坛下官窑烧制了一批黑陶蟋蟀罐。它们大小不一，有专门供体形大的蟋蟀独自居住的，也有供合居的小蟋蟀罐。而它们的战场所需的战斗罐，因敞口、器形大，贾相就专门吩咐工匠用青瓷代替了黑陶。总之，贾相为他的蟋蟀王国，建造了世上最华美、最实用、最舒适的居所。

有了好器物，当然还要寻到好蟋蟀。他已经不是当年那个玩闹的少年了，不可能守在墙根为逮一只蟋蟀劳心费神。只要有空，他就微服出门，揣着一个蟋蟀罐，到街上寻找那些斗蟋蟀的地方，并加入他们的战斗。他常常会遇见一些生命力旺盛、战斗力强的蟋蟀，那时，他会跟对方说明想购买的意思，对方见他举手投足极其骄横，揣测是皇家贵戚，便讨一笔略高的价钱，把手中的蟋蟀拱手相让。贾似道从不跟这些人讨价还价，他甚至觉得，蟋蟀作为生命，就应该有跟人一样的待遇。他出现的次数多了以后，人们便知道他是当朝宰相，这给他带来不便，于是，他在相府设场，请外面那些拥有高技能的蟋蟀来相府争斗，并与它们的主人成为关系甚好的赌友。一时，从民间到皇宫贵族，养蟋蟀和斗蟋蟀靡然成风。

皇上在西湖边，为贾太师建造了一个后乐园，园内种满奇花异草，水榭华亭极其奢华。这个天堂般的庄园里，贾似道喜欢将临安的娼妓、尼姑和旧宫女们招来，饮酒寻欢，唱戏作乐，夜里也灯火通明，欢声笑语，虫斗场面更是连绵不绝。贾似道用大量的时间来研究蟋蟀，写成了一部蟋蟀学专著，名为《促织经》，系统地总结了有关蟋蟀遴选、决斗及饲养的相关经验，并阐述了蟋蟀病治疗的方法及蟋蟀交配习性等。此书一出，坊间争相抢购。

后乐园贾府与皇宫隔湖而居，每天清晨，上朝的钟声从宫内飘出，沿着悠悠的湖水，回荡到后乐园上空，贾太师才走到湖边，坐上小船。他的船系在一条粗缆绳上，绳端连着一个大绞盘，十几个壮夫拼命推绞盘，根本不必划桨撑篙，船行如飞，一会儿便漂到了宫前。

这一天下朝，贾似道请皇上来府上看戏。隔日，赵昀带着阎贵妃便也乘船，沿着贾似道日常行船的航道，来到了贾府。

但见花团簇锦，香风习习，人头攒动，不亚于御街的热闹。赵昀喜笑颜开，乃至生出将皇宫也变成这样的地方的心思。他特别享受现在的时光，朝政国事，自有人处理应对，他要抓住上天降下的福气来享乐。他知道，许多朝臣对自己极其失望，他才不管呢。想到这里，他伸手揽住身边一个娼妓的细腰，将酒杯里的那杯玉酿倒在像花瓣一样的红唇中。

对面戏台上，一个小旦眉目婉转，妩媚动人。

身边的贾似道探过身来，笑眯眯地说："官家，看看今日黑头将军的表演？"

他知道，蟋蟀中最善斗的是墨蛉，民间百姓称它黑头将军。于是，他便站起来，随着贾似道走到了水榭边的蟋蟀场。

在一个手盆大小粉青釉蟋蟀盆里，一场激战就要开始了。一只猛然振翅，另一只却高声鸣叫，据说这是在给自己加油，灭对方威风。赵昀不觉笑笑。这些蟋蟀太像满朝大臣的嘴脸了，难道贾似道是在另一个世界寻找到了真正的自我了吗？两只蟋蟀龇牙咧嘴，开始顶头，踢脚，卷动长长的触须，旋转身体，左右躲闪，寻找有利的时机，开始攻击。

腾腾的杀气，从那个蟋蟀盆中不断地升起来。恍惚中，赵昀竟然轻轻叹了口气。蟋蟀们的战争对于一个精致的青瓷蟋蟀盆来说，到底残忍了些。澄泥器经过水的浸泡，手的揉搓，被火烧烤过的半生，已经够辛酸的了，现在，又要日日看着生命间你死我活的争斗，搏杀，死亡和离散，亦不知，它会不会伤心到无法忍受，发出一声大喝，与眼前的蟋蟀同归于尽。

两只蟋蟀经过几个回合之后，一个昂头挺胸，一个垂头丧气，胜负明显。一张竹片适时地插在了两只蟋蟀中间，赛事暂时停息。

一直到吃过晚饭，赵昀才坐船回宫。夜风掠过湖面，吹着酒后微醺的他，这场落幕的欢宴，让他心里充满复杂难言的情绪，有惋惜，有愧疚，有庆幸，还有仇恨。但面对眼前隐隐的湖山，远处舟车明灭的灯火，除去要揉碎了般紧紧抱着怀里的女人，他不知如何表露自己的内心。

砚滴的心事

六月，西湖的荷花开得极为繁盛，前来赏花的游人踟蹰其中，流连忘返。那些读书客从遥远的地方日夜兼程、车马劳顿地赶来，来不及观赏临安繁华的街景，享受临安酒肆的佳酿，便急匆匆赶到曲院风荷，面对眼前的景色，诗情涌动，情难自抑，不停地吟诵杨万里"接天莲叶无穷碧，映日荷花别样红"的诗句。

同样花繁锦簇的御花园中，一个身着华服的女子正坐在水榭的亭子里，对着湖中一望无边的荷花愣神。石桌上，青瓷盘盏里盛放着的蜜饯、水果和点心，似乎并未被动过，一只蜜蜂嗅着沉香熟水香甜的气味，从花间一路寻访过来，竟轻轻地立在了青瓷碗边上。它的足定到一片细细的开裂上，好像那儿是一个台阶或者石缝，只有那儿能撑住身子似的。

女子左手托腮，右手中的锦帕有气无力地垂在膝前。面前的荷花，挑起了她细腻婉转怅然若失的女儿家心思。

女子不是别人，正是大宋当今皇上唯一的女儿——瑞国公主。

大约是老天的意思吧，赵昀也是一个子息稀少的皇帝，在这方面，他极其巧合地遗传了前朝皇帝的基因，他的儿子赵维在世仅仅存活两个月，便永别人间。这之后，无论他跟他的皇后和嫔妃们如何努力，再没有一个皇子降临人间。稀稀拉拉先后降生几个公主，但只有贾贵妃诞下的瑞国公主顺利长大。作为自己唯一亲生的孩子，赵昀对瑞国公主极为娇宠，只要公主要求，作为皇帝的他从不反驳，有求必应。

在六七岁的时候，有次她偷偷躲在大殿的角落，偷窥父亲临朝处理政务，等大臣们退下，她竟然效仿父亲，迈着八字方步，大摇大摆地走到父亲跟前。这不免让闭目沉思略微疲惫的赵昀吓了一跳，当看清是自己的女儿时，还是展颜大笑起来。

女儿问："爹爹，我要坐在你的椅子上当皇帝。"

赵昀边站起来，边说："椅子你可以坐，但皇帝你可当不了。"

"为什么？"

"因为你是女儿家啊！"

坐在椅子上的公主嘟着嘴："虽然女儿家不能当皇帝，但皇帝的宝座，女儿还是可以坐的，对吧。"

赵昀看着女儿小小的身子在椅子上趾高气昂的样子，不禁又大笑起来。

"爹爹，我要学画画，画一张我当皇帝的画，挂在墙上，让每个人都看见。"

一色千年
HANG ZHOU

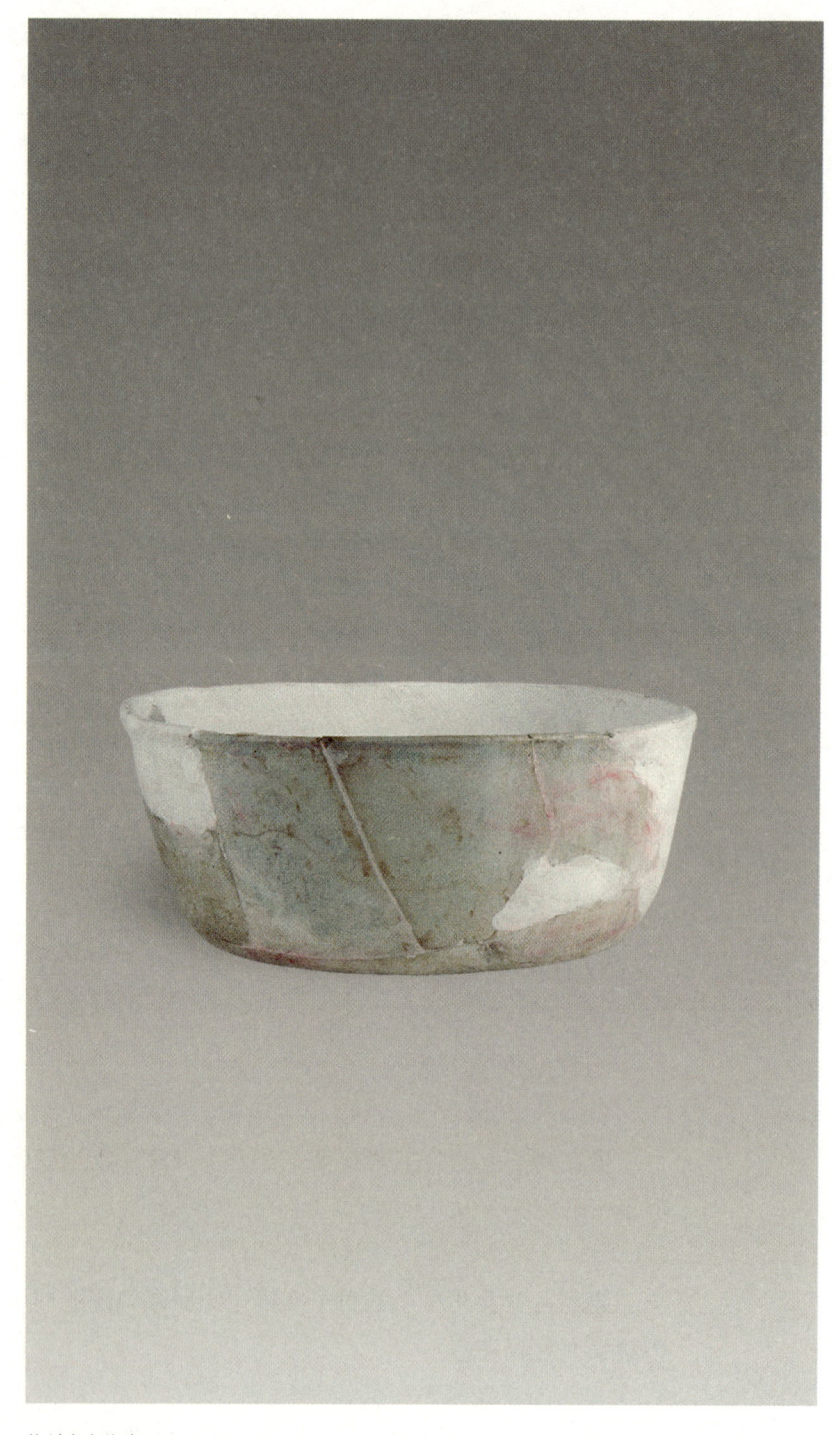

杭州出土的洗

"好好,爹爹给你找最好的画师当师傅如何?"

"好啊,好啊!"

从那一日起,小瑞国公主就开始了她的学画生涯。她是一个聪明的孩子,对线条有敏锐而强大的感悟力,不长时间,进步神速,能将一些简单的物体画得栩栩如生。她把自己最满意的一幅《飞燕图》亲自送到父皇眼前。

有次,赵昀正在看札子,手里的朱笔竟然被公主抢去,顺手在一张札子上画了一只将飞未飞的小鸟。札子上规整的字迹仿佛黑色丛林,而那只朱红的小鸟就要遁入其中。

赵昀免不了夸赞一番。

瑞国公主转身却被父亲面前的砚滴吸引住了,那是一只梅子青色小船形状的砚滴,仿佛行于水面的乌篷船,有船轩,船身隐约有弦纹,最妙处是篷篷里还有人在对饮。整个砚滴,细腻润滑,釉层肥厚,滋润如玉,放在砚边,似乎还能听到水声、船桨声、笛声,当然还有对饮者的笑声、吟诵声。

"爹爹,这个砚滴好生别致啊,亦动亦静,亦刚亦柔,儿还是第一次见到这么好看的东西呢。"她将小小的砚滴放在手心里,对着窗外的光,她的手心变成一片湖泊,而这只砚滴就是穿行其中的小舟。

这只砚滴什么时候换到自己桌案上的,其实连赵昀也不知道。这些事,多是宫人来操办,每次都拣出形制最别致、成色最好、使用起来最方便的器物,来更置皇上的那些旧器物。此刻,公主这么一说,赵昀方觉得这只砚滴的用心和独特之处。

"爹爹，儿的砚滴是一只小鸟状的，我也很喜欢。上次碎掉的那只砚滴是只小狮子，笨笨的，也很可爱。我见母亲的砚滴是一条鱼，鱼鳞纹跟瓷片混淆在一起，根本分不清哪片是鱼鳞，哪片是开片了，真是好笑。"

赵昀听到"鳞"这个字，心下一惊，忍不住习惯地低头观望自己。当然，他身体上的龙鳞从未出现，他已快忘记这件事了，乃至更加怀疑这个传说的确凿性。

"我还见过皇后的蟾蜍砚滴，还见过好多瑞兽砚滴，好多好多，但爹爹，我最喜欢的，还是爹爹这一只啊！你看，小舟随风而动，水从舟尾漾出来，要远行喽。"

赵昀爱怜地抱住小公主，将自己的脸贴在她稚嫩滑润的小脸上。

十四岁那年生日，公主欣喜地收到了一份特别的礼物，那是来自父亲赵昀和宫廷画师马麟共同制作的一幅画册，在云雾和湖水之间，霞色绯红，秋山苍翠，几只黑色的燕子悠闲地在水面上低飞，父亲亲笔写下了"山含秋色近，燕渡夕阳迟"的诗句。这份礼物，让少女瑞国深切地感受到了来自父亲的慈爱和亲情的美好。

这都是昨天发生的事吧？

转眼，水榭旁略带惆怅的瑞国公主就十五岁了。父亲到底将那只舟形砚滴送给了她，她在渐渐长大的岁月方明白，只要自己说出，除去皇位，父亲会把天下所有的奇珍异宝都送给她的。在那只砚滴的陪伴下，她学着画湖山，画花鸟，画人物，随着年岁的增大，她到底没有画出那幅坐在龙椅上的自己。她知道,那是大不敬的事,她不能让爹爹忧心。随着她爱惜的青瓷砚滴被放在锦盒里收藏,替代它的是一只牛形的青瓷砚滴,卧牛四蹄藏起,仰脖观望,背上,一个牧童正吹响竹笛。每每,她都觉得这头牛就是父亲,而她就是坐在牛背上的牧童。

而现在,牧童要从牛背上跳下来,去往田野,去往水地,去往成婚的路上。

前阵子,父亲专门召集大臣为自己选婿,那些可笑的大臣竟然提议,利用科举考试举行一次全国性的驸马选拔,而父亲竟然也答应了。

那个叫丁大全的大臣专门负责此事,据说他在考场上不停转悠,盯着每一个考生细细揣摩观看,考生们被他弄得忧心忡忡,以为自己犯了什么事,一时也成为大臣们的笑料。当然,在他的精挑细选下,最终有他认为英俊的考生脱颖而出,科考结束,这个叫周震炎的人,竟然高中状元。

公主还记得,那天她躲在屏风后面,怀着一股既渴望又害怕的心理,等待即将成为驸马的那个人出现。那是一段极其难熬的过程,她烦躁地从座椅上站起来,来回走动。要不是帘外大殿里,父亲宣新科状元觐见,她不知道自己会不会逃掉。但当她一眼看到周震炎时,心理的焦急和羞涩马上转为愤怒和失望,这一次,她终于满含委屈的泪水起身跑掉了。

父亲追出来。

她扭头,泪水珠玉般扑簌簌地落下:"爹爹,那可是个中年人啊!"

老虎洞南宋官窑出土的夹层碗

"爹爹也看到了,但年龄大点也好,沉稳老成。我看也合适。"

从这以后,瑞国公主好几天都没去看父亲,她窝在宫里,从锦盒里取出那只舟形砚滴,眼泪一遍又一遍模糊了双眼。

"爹爹这是怎么了,不疼我了吗?如果不疼我了,我就出走。小舟啊,你变身吧,载着我远走,到天涯海角,再也不回皇宫好不好?"

赵昀看公主如此抵触,整日哭哭啼啼,便暂时将驸马一事搁在一边。

他让人将自己的一副青瓷象棋送给瑞国公主,并捎话:"爹爹错了,如果原谅爹爹,就拿着棋来找爹爹吧。"

瑞国公主听到这话，方又活蹦乱跳起来，当下就找赵昀下棋去了。当然，论棋艺，公主在父亲面前甘拜下风，即便父亲故意让着她，她也是他的手下败将。那日，他们下了好几盘，最后都分不清是对弈者还是同盟者了。瑞国公主觉得，爹爹是这世上最疼爱她的人。晚上，她从架子上取下锦盒，将那只舟形砚滴拿出来，灯下，它泛着幽然静远的微光。她将脸贴上去，闭上眼，仿佛听到了风声和水声。

可惜，安静的日子很快又被打破了，暂时搁浅的驸马之事，终是要被提上议事日程的。这不，这次是太后亲选的驸马。

听到消息，瑞国公主就郁闷地来到了水榭，她看着繁盛的荷花，不知道这次的驸马是什么样子的。她百无聊赖地闭目养神，恍惚从水里荡过一条青色小舟，舟上，有一个玉树临风的男子正朝她而来。但奇怪的是，她怎么也看不清他的脸。

南鸟唐安安

宝祐元年（1253），四十九岁的赵昀渐入老境，对于他来说，这一生仿佛是借来般处处带着无以名状的惊讶和暗喜。但少年时寄人篱下的经历深烙在他的骨头上，每每欢愉之时，他都会用那段时间来提醒自己，眼前的富贵繁华来之不易。也因如此，他更觉享受人生赋予的锦衣玉食、雕车宝马，才是更重要的事。特别是鄂州大捷之后，他对贾似道的信任达到了顶峰，将所有朝廷大事均交给贾似道和大臣们处置，自己用更多的时间，饮酒赏花，赋诗作画，召见临安有名的歌姬舞女，夜夜狂欢。

一些大臣如果有事求见，他总是让贴身内侍董宋臣，以这样那样的理由将他们挡在外面。他的宫殿内，丝弦管乐不歇，唱曲歌舞不断。

春节刚过，焰火零零星星在夜空升起。自宋、蒙联合灭金，形成宋、蒙对峙之势之后，临安城的百姓似乎隐隐察觉到国家的没落之相，某种气息让他们为眼下的生活担忧起来。往年正月热闹非常的西湖，也沉寂了几分。

近日，赵昀最宠爱的阎贵妃身有微恙，御医开药调理，已过去好几天了，贵妃还懒洋洋的，成天卧躺在榻。这让他很忧心，每日都差人去探望贵妃。

这不，董宋臣刚从贵妃处回来，看到皇上急迫的样子，安慰道："官家不要心急，贵妃只是略感风寒，休养几日便会好的。"

"她这一病，让我的心空落落的，没抓没挠的。"

董宋臣走近一步，附在皇上耳边道："官家，老奴愿效犬马之力，让官家开心展颜。"

"哦，你又有什么鬼主意？"赵昀像突然被焰火点燃般，一下子就兴奋地调笑起来。这几年，董宋臣成为他最信任的内侍，这份信任渐渐变成了默契，只要赵昀有所思，董宋臣便知其所想。

"听闻临安最美的女人叫唐安安，有沉鱼落雁之容、闭月羞花之貌，歌如黄莺出谷，舞似桃花绽开，乃天下第一尤物也。老奴已让人请唐安安进宫，此刻已至宫门，官家，要不要一瞧？"

"既如此，让她进来吧。"

不多时，外面响起叮叮咚咚钗环相叩的清音，一人伴着门外的强光透迤而至，仿佛从光里蜕生出来一般，带了几分仙气。

唐安安走到皇上跟前，双膝着地，俏生生请安。

赵昀早就不耐烦了，伸手就把唐安安拉起来，对着那张桃花样的小脸笑道：

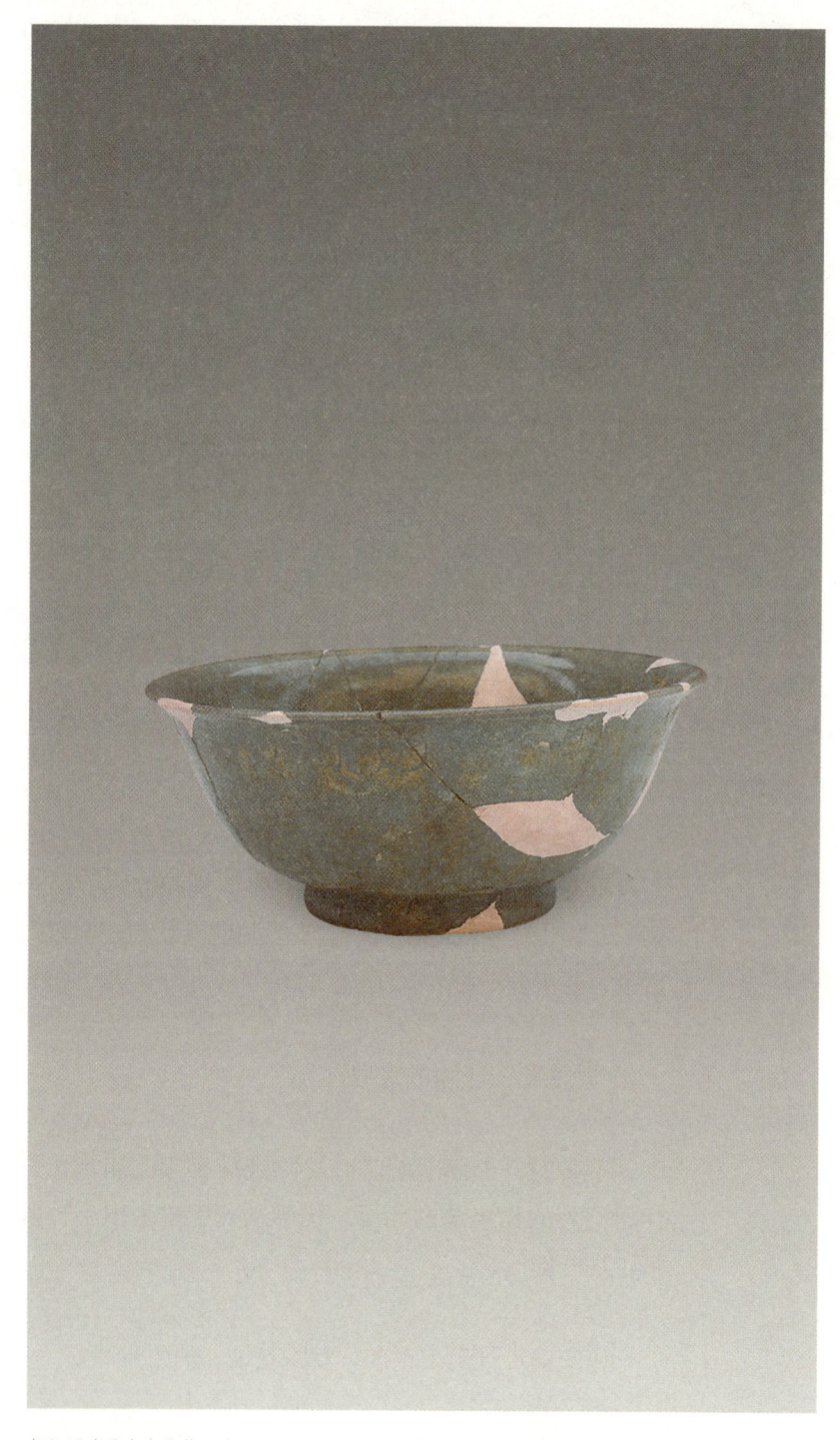

郊坛下遗址出土的侈口碗

"听说姑娘能歌善舞，今日给朕来一段如何？"

"官家，奴来就是为您唱歌献舞的。"

话音刚落，董宋臣早令一干乐器师和伴舞者走进来。宫人正将所有的灯烛点亮，宫女们正依次捧着美酒、点心、水果，摆在赵昀面前的桌案上。一场歌舞盛宴徐徐拉开帷幕，而唐安安成为盛宴之上最耀眼的人，像花，像火，像雨，也像雪，一点一点地走进了赵昀干枯而老朽的心里，从此枯木逢春，铁树开花，日夜宠幸，形影不离，进入狂热而持久的爱欲阶段。

恋爱中的人具有常人所缺失的浪漫和痴情，他们像世上所有热恋中的男女一样，夜里对着皓月许愿：在天愿作比翼鸟，在地愿为连理枝。比翼鸟难见，但连理枝好寻。虽然连理枝是树与树的嫁接成体，枝条相连，但只要枝枝相连，便也成连理。为表明自己的心愿，赵昀除去赏赐唐安安无数金银珠宝、绫罗绸缎外，还命官窑烧制一批带有缠枝花卉图案的青瓷日用器，专供两人使用。茶杯、茶壶、茶托、酒杯、温酒壶、春瓶、熏炉、砚台、水盂、笔架、笔筒、妆奁粉盒……随便拿起一个，手心便会触到凸起和镂空的牡丹、莲花，这些看起来简单的图案，经过官窑工匠之手，不断重复、变形、叠加，枝枝蔓蔓，勾勾连连，持续不断，无限延展，首尾相连，无始无终，就像他们的手，无时无刻都想紧紧地抓住对方，而他们的目光，缠绵缱绻，再也没有放到旁人身上。

唐安安好奇地问："那比翼鸟从未见过，亦不知如何模样？"

赵昀拉着她的手，爱怜地说："书上讲，比翼鸟一翼一目，飞止饮啄，不相分离。"

一时兴起,亦未知大宋有没有这种鸟,明日便昭告天下,但寻得比翼鸟,赏钱无数。

他们在水榭里专门设了围栏,养了一对鸳鸯,他们把它们誉为彼此。有次,两人正在水榭靠着曲栏赏鸳鸯,唐安安娇柔地拿食物一点一点地投到水里,两只鸳鸯靠靠停停浮过来,突然天上落下急雨,一时躲闪不及,安安的花冠锦衣均被雨水打得狼狈。虽然看起来更加娇美,但赵昀却心疼不已,从此便放了那对鸳鸯,让它们双双对对幸福远游御河去。

隔日,赵昀肚里的蛔虫董宋臣送来一个鸟笼,是一对拥有绚丽多彩羽毛的南鸟,仿佛微红的晨曦,光芒闪烁。唐安安一眼就看到里面那两个好看的鸟食罐,那是两个样式不同的小器:一个敛口,鼓腹,底略尖,刚好悬挂于笼内,釉色粉青,碧空如洗,晶莹洁净,全身缀满缠枝,凸脊处有幽光闪烁,口沿光洁,微微开片,里面盛着一汪水,好像一眼泉;另一个呈瓜棱形,每条棱边都有细小的枝蔓,若隐若现,小巧可爱,青釉莹润,有冰裂纹开片,盛着的鸟食,倒像小粮仓。唐安安笑道:"好喜欢这两个鸟食罐。"

赵昀拉着她的手,爱怜道:"鸟和鸟笼都是你的,里面的东西当然也是你的。朕,也是你的。"

赵昀这话显然说早了。或许,他是被这段有生之年狭路相逢的爱情冲昏了头脑,幻想中自己具有了某种强大的能量,能够保护这个心爱的女人,维护这段轰轰烈烈的爱情。

起居郎牟子才竟然上书,痛心疾首劝诫皇上:"此举坏了陛下三十年自修之操。"

赵昀一笑而过。

而另一个大臣婉转暗示赵昀，赵昀、唐安安和董宋臣就是当日唐皇、玉环、高力士。赵昀这次大笑道："朕虽不德，未如明皇之甚也。"

没有体会过爱情的人大约不会懂得，爱情自有其神奇魔力，能让世界变小，山河变色。老年的赵昀觉得唐安安就是他一生中寻觅已久的那个人，而他们相处的时间也是最美丽、最温暖、最难得的。既如此，肯定稍纵即逝。从古至今，没有一场爱情可以天长地久，最终，赵昀在泪眼蒙眬中，无奈地看着心爱的唐安安，提着那对刚刚学会说"爱你"的南鸟，被逐出了皇宫。

她当然不会再回青楼，去跟无数男人碰撞寻找那朵叫作爱情的火花了。曾经沧海难为水，除却巫山不是云，即便是一个阅人无数的女子，生命中只要经历过一次锥心彻骨的爱，便再也不会为凡夫俗子动心。

董宋臣悄悄为她备了一条船，但她没有告诉他自己要去哪里。

她揭开鸟笼小门，两只南鸟竟然无动于衷。很久后，她的眼泪落下，如珍珠般滴到南鸟美丽的羽毛上，那两只南鸟方才如梦初醒般从笼子里飞出。它们犹疑不决，徘徊良久，对笼子充满眷恋，也不知该去往何处。但它们知道，自己被抛弃了，即便它们终于会说"爱你"。

唐安安从鸟笼里将那两只鸟食罐拿出来，那句"鸟和笼子以及皇上都是她的"的话，在风里摇来荡去。她轻叹一声，一语成谶啊，最终属于自己的，也只是这两只青瓷鸟食罐，小小的、润润的，仿佛不曾记得所有曾经般从容、健忘。她一只手握着一只："一只是你，一只是我，官家，此生再不能相依相连，也只有让这两只鸟食罐替代我们永远守在一起了。"

小舟从此去，江海度余生。

御花园的水榭边，一夜白发的赵昀盯着水面上重又圈起的鸳鸯，垂下老泪来。浑浊的老泪落到水里，不起波澜，静静的，仿佛什么也没发生过。

赵昀的噩梦

景定五年（1264），金秋十月，西子湖畔，风景如画。

皇帝寝宫，赵昀卧榻已三日了，御医来来去去好几次，药换了好几服，喝了好多回，但他依旧全身疼痛，食不知味，只靠清水维持。

午后，他略微精神了些，勉强喝下两口米羹，董宋臣俯身问道："官家，要不要寻访名医进宫？"

赵昀有气无力道："好，下诏征天下名医进宫，如若能治好我的病，赐良田、金银财帛。"

希望就像黑暗中透来的一丝亮光，下诏后，赵昀竟然觉得身上似乎轻松不少，让人扶他坐起来。在这里，赵昀住了整整四十年，他迟疑的目光仿佛一只手般慢慢地摩挲过面前的一切：阳光最先照进来的那道窗棂，最后退去的那道窗棂，夏天最先卸摘的那扇窗，春天最先被插满花的方形瓷瓶，冬天最适合插红梅的春瓶，夏天的熏炉，冬天的暖炉，他的笔墨纸砚、茶具、酒器……当他疲惫不堪地将目光最终停在那只陪伴多年的双耳尊时，一股潮水般熟悉的感觉突然袭上心头，来自身体的痛意和心上的寒凉，让他不觉惊叫起来。

　　整个寝宫内空荡荡的，阴冷的气息正一点一点地从遥远的北方边界向临安袭来，它们在大宋的江河湖山徘徊了很久，最终，掠过西湖湖面，遁向皇宫，而最先与它们照面的，当然是皇帝赵昀。

　　这一夜，赵昀被这股阴冷之气弄得生不如死，一会儿全身燥热，一会儿如坠冰窟，瑟瑟发抖。他不停地大汗淋漓地醒来，又胆战心惊昏昏沉沉睡去，整个身体仿佛被水浸过，湿淋淋能拧出水来。

　　他在煎熬中苦苦撑着最后一口气，等待那个揭榜的名医从天而降，将他从水深火热中救赎。但一天过去了，三天过去了，五天过去了，今日已经是第七天了。阴冷之气越发浓郁，它们无孔不入地侵入赵昀的皮肉和骨髓中。此刻，他好不容易睁开沉重的眼皮，眼前只有董宋臣站在床榻边。

　　不待他开口，董宋臣俯下身大声说："官家，名医之事，杳无音讯啊！"

　　赵昀张开干裂的嘴唇，努力了许久，才发觉自己早已说不出一句话来，悲从中来，眼角流下黏稠的泪水。

　　他重新闭上双目，他知道，自己命不久矣。董宋臣吩咐宫人准备料理后事的声音，在他耳边断断续续，恍惚他又回到了沂王府，无边的孤独携着忐忑和小心充满他年轻的心。他看见渐渐熄灭的炉火，暗淡的烛光照着桌案上那只双耳尊，他伸出手去。这是他有生之年第一次如此亲近一只皇家器物，来自器物的清凉和滑润感让他悸动。一些细细碎碎的声音响起，他警觉地环顾四周，

第六章 暖风中的繁华幻境

郊坛下遗址出土的尊

空荡荡的沂王府里，除去偷偷的讥笑声，肯定不会有任何声音。来自手中的裂缝让他将目光收回来，他看见眼前的双耳尊，正沿着那些开片的裂纹徐徐炸开，一片一片落下来。突然，他惊恐地看到，自己的手已经跟双耳尊紧紧地连在一起了，而连接它们的竟然是开片的裂纹，那些裂纹从器身一直蔓延到自己的手臂上，又从手臂蔓延到了身体上。他终是看到自己带着血痕的龙鳞开片，正在如瓷片一样，一片一片地沿着裂纹，剥落下来。

外面的笑声如潮汐般涌进来，他看见脖子上挂着白绫的赵竑，满面泪水，却狂笑不止，看见史弥远嘲讽的笑容，看见贾似道张开的大嘴里，竟然咀嚼着一只火红的南鸟，他看见自己的女儿瑞国公主怨恨的眼神，看见坐在船上满脸泪水的唐安安……他想走上前去，跟他们说话，或者不说话，只是真切仔细地看他们一眼。一阵厮杀声震耳欲聋，抬眼之间，成千上万的蒙军，如履平地般将宫门推开、宫墙推倒，踩踏着遍地的尸体冲到自己面前。他心里想，自己还年轻，身形灵活，于是试图向后面躲闪。可是，身体突然就变成了碎纷纷的样子，像风吹尘土和落叶，轻飘飘什么也没有了。只剩下了头颅，心下欣慰，觉得高大的身体终于不再负累自己，于是向窗边游移，试图躲到窗幔后面。

一道雪光映入眼中，那是一把刀，比自己的头颅更早地等在了窗前。疼痛袭来，他看见自己的头颅被刀尖挑起。在欢呼声中，整个皇城变成了血海，到处都是尸体和鲜血，他就在刀尖上，踩着血出了宫门。

临安的街道上，正在慌张逃离的百姓，号哭和求饶，声声不息，他昏沉地闭上双眼。

当他再醒来，面前是陌生之地，鼻息中满是牛羊的腥膻味道。

他的身体感觉和大脑意识还在，他心里只有一个念头，自己依旧活着，并未死去。

他被带到宴席上，身体里盛满美酒，被呈给蒙军的首领。

那时，整个帐篷里，想起如雷的喊声："恭祝大汗！"

他看见自己靠近了大汗深渊般的大口，蓦然发觉，原来自己的江山，正在被这张嘴吞噬，第一次在太庙拜祭先祖时说过的那句话，终是成真。作为一个器物的赵昀的灵魂，终于流下悔恨交加的泪水。

福宁殿内，静悄悄的。没有人知道，赵昀临死之前做过怎样一个明白而糊涂的大梦，有过怎样一番惊心动魄的经历和挣扎。

大臣们从四处急匆匆地赶来，准备商量新皇登基所需的一切。

皇后谢道清正迈出后宫的门槛，夕阳打在她缀满锦绣的褐色华服上，发出迷惘的光彩。

第七章

青瓷王朝的粉碎

四月初九乾会节

　　登上大宋皇帝宝座的新君，正是二十五岁的赵禥。作为赵昀的亲侄子，上位太子时，曾遭受过群臣的激烈反对，丞相吴潜竟然不留情面地指出：忠王无陛下之福，希望皇帝选择其他宗室子弟。意外的是，赵昀这次的态度十分强硬，愣是免去吴潜丞相的职务，如愿将赵禥立为太子。其实之所以选择赵禥，是因为他是赵昀一母同胞亲弟弟的孩子，跟自己有扯不断的血缘关系。坐在皇位上的赵昀，似乎特别想弥补一下自家的先天不足，于是不顾臣僚反对，将血脉亲情作为遴选太子的唯一筹码。同时他也很明白，这个按照皇子模板煞费苦心培养的侄儿赵禥，尽管有鸡叫头遍请安、鸡叫二遍回宫、鸡叫三遍与群臣讨论时政的作息经历，大量研习经史子集，却并未如期望中那般具有皇帝的资质，天生的愚钝像一条铸铁的锁链，紧紧地将赵禥囚禁在迟钝的牢笼中，让人担忧。在晚年，赵昀已对此事不再上心，乃至忽略不计，那时，他正紧紧拉着爱情的手，畅享生命最后的荣光和激情。

　　十一月，凉风爽朗。日上三竿，宫门却紧闭。大臣们焦急地立在外面，等待新皇召见。寝宫内，赵禥刚刚从睡梦中清醒过来，翻了个身，并没有下榻的意思。宫人进前道:"官家,宫门外又汇聚了众多大臣,奏请官家上殿处理政事。"

赵禥惺忪道:"不准。"

门外的大臣们心急如焚,不停地走来走去,心里虽有埋怨,但口里不敢说出。他们无法理解,作为一个皇帝,怎会如此任性。

有人凑到表情凝重的贾似道身边:"丞相还是劝劝官家吧。皇帝是家国的皇帝,可不是自己的皇帝啊!"

十一月十五日,新皇赵禥登基二十天后初次听政。属于他的帝王序幕才算正式拉开。

当他带着一摞札子回到福宁殿,赵禥面对它们竟然束手无策,看到旁边的宫人,便说:"来,你来替朕看这些札子吧。"

吓得宫人连忙跪下,瑟瑟发抖。

当然,这也难不倒赵禥,他让人把自己最得宠的四个妃子叫来:"从此以后,你们四人就是春、夏、秋、冬四个夫人,替朕看札子并批复。谁批得多,朕就赏赐谁。"

说着,让人将一些字画文玩,以及一些稀罕玩意,都放到了桌案上:"谁先看够五个札子,谁就优先挑选礼物。"

一时,那四个妃子巧笑嫣然,打开札子,草草看罢,朱笔一挥,写下"阅"字,便争先恐后朝那些宝贝们跑去。

夏夫人个子高些，虽是三寸金莲，但腿长啊，这时也越发不讲究宫规礼仪，两三步便跑到了桌案边，也不管什么玩意，一搂双臂，抱住满满一捧。冬夫人性子缓，行动也慢，到她批完札子，宝贝已一件不剩，委屈地拉着赵禥的手臂来回摇摆，泪汪汪地说："官家，妾什么赏赐都没有啊！"

赵禥看着面前这四个女人好笑的样子，也哈哈大笑。

"你喜欢什么？朕单送你。"

那女子一听，马上笑逐颜开："奴要琉璃并头的花头簪，双花头鎏金银钗，要金丝银线荷包，还要镂孔的瓷粉盒和胭脂盒，两个瓷枕，要那种釉下有颜色和纹路的。"

赵禥笑道："你倒跟她们喜欢的不一样。"

那三个抱着字画文玩腾不出手来，一听说还有钗环瓷枕可要，又不答应了，一时围着赵禥不放，嘤嘤嗡嗡的声音传到门外，惊起一只黄莺。

那黄莺飞离皇宫，悠悠然落在了太师贾似道的府邸。

贾似道刚刚斗罢蟋蟀，正坐在海棠树下，左右搂着一对小姐儿饮酒。一个姐儿身上满是花瓣，似乎有些醉意，娇嗔中失手将杯子掉在了地上，滢滢玉光一闪而过，在地下早已碎成数片，黑灰的胎像一道锋利的目光。贾似道醉眼蒙眬，满不在乎地说："都摔了它。"说着，把自己手中的杯子也猛摔地下："传官窑，制新器。"

如今，贾似道已经死死拿住了赵禥的七寸，他知道，当今皇帝软弱无能，所以只要不能达成自己的心愿，他就会当朝辞官，要挟皇帝。而每次，赵禥总是胆战心惊，卑躬屈膝，痛哭流涕，全力挽留，将军国重事全权交给他，并允准他三日上一次朝。而现在，两年时间，已改为十日一朝了。贾似道特别享受每次退朝时，皇上惶恐地站在那里目送自己离开的样子。他觉得自己已经紧紧地勒住了皇帝的咽喉，而整个国家，也在自己的股掌之中。

咸淳二年（1266），四月初九，乾会节。这是赵禥登基以来的第一个生日，这一天宫里大摆宴席，满朝文武都来参加生日宴会。先皇时，每年过圣诞（圣上寿诞之日），只让百官拜寿，不请百官吃饭。这样的宴会已经几十年没有办过了，群臣也觉新鲜。此时，每个饭桌上，都已经摆好了橘子、核桃、大枣之类的干鲜果品，用各种形状的青瓷果盏分装。百官们的贺礼都已送过，贺词也已祝过。赵禥坐在席首，笑逐颜开，一起等待贾似道的到来。

可是，等了好久，也不见贾太师的踪影，赵禥也不敢差人去催，只呆在那儿怔怔地等着。想起前次祀礼，突天降大雨，分管皇帝车辇的官员胡显祖劝说赵禥乘小车回宫躲雨。湿淋淋的赵禥原也不敢轻举妄动："先问问贾丞相吧！"被雨浇得瑟瑟发抖的胡显祖骗他说："丞相已经答应了。"一听这话，赵禥二话没说，跨上小车，匆匆回宫。不久，雨过天晴，贾似道姗姗而至，典礼当然得由皇帝主持，这点上，贾太师不敢造次。当他得知皇帝已经回宫时，骤然大发雷霆："我身为大礼使，连陛下的举动都不得预知，不干了！"当即收拾行囊，要离开京城，回老家养老。那次，赵禥苦苦哀求了几日，送了一对粉青釉菊花式圆盘，一对青瓷葫芦瓶，一套青瓷盏，一套琉璃盏，金银珠宝器数十件，太师均不理不睬。无奈，他只好罢掉胡显祖，并把胡显祖的女儿，也是自己最喜欢的贵妃，送到庙里，削发为尼，从此永不许回宫。这才好歹让贾似道消了气。

而现在，贾太师未到，当然不能开席了。

直到未时，贾太师才姗姗来迟。贾太师落座，笙箫起，歌舞起，酒菜这才开始上。第一道刺身，第二道肉干，第三道羊肉……十五道菜上齐，贾似道举杯："恭祝皇帝万寿无疆！"众臣昏昏然随着齐喊。

赵禥原本也举着酒杯，未知是饥饿之故，还是被众臣们的喊声吓坏了，手里一点力气也没有，酒杯掉下，在酒水洒到袍子上的同时，骨碌碌向前滚去，竟然就滚到了贾似道脚下。贾似道脸上带着蔑视，抬起脚，装作没有看见的样子，将那个泛着月白釉光的酒杯踩在了脚下。

赵禥耳边响起一只瓷杯疼痛的碎裂声，嘎嘣嘣，刺啦啦，他忍不住闭上眼。再睁开时，那杯子竟然消失得无影无踪，而贾似道正在盯着他看，脸上挂着诡谲的笑意。

魂归永福寺

西子湖畔，过灵隐寺，石笋峰下，一个小巧玲珑的寺院，被茂密的竹林密密匝匝围得密不透风。这座寺院，就是当今皇帝亲生母亲，隆国夫人黄定喜的香火院。

这里是赵禥即位以来斥资扩建的一座皇家寺院，它的规模、投资以及呈现出来的富丽堂皇，已远远超过一个专门用于诵经祈福的庵堂之功能。当夕阳西下，半个西湖的湖面被映红的时候，竹林掩映下的永福寺里的灯笼会全部点燃，远远望去，丹腾相辉，碧光熠熠，仿佛天上仙人的居所。

高大巍峨的大雄宝殿里有三尊佛像，娑婆世界的释迦牟尼居中，两旁为东方净琉璃世界的药师佛、西方极乐世界的阿弥陀佛。殿内，一群僧人正端然打坐，手捧念珠，双手合掌，闭目念经，木鱼声悠悠然升起，又脆生生落下。年过半百的隆国夫人黄定喜，着褐色长衣，低眉合目，嘴唇翕动。虽然跟僧人们做着同样的事，但她觉得，自己内心对佛的敬畏和感恩，要胜过天下任何人。

晚课完毕，她回到自己的专用庵堂。这里并不清简，她曾要求简略些，但赵禥坚决反对。她知道，自己的儿

郊坛下遗址出土的鼎式炉和鬲式炉

子是在补偿自己的生育之恩，也就听之任之。天渐渐暗下，庵堂外的夜鸟扑棱棱飞过，留下一串凌乱的鸣叫。一只猫从帘子里钻进来，停在她面前，她俯下身子，抚摸它白色的绒毛。她将那只米黄釉的猫碗端过来，放到矮几上。大猫抬起眼，水汪汪地看着她，仿佛在感激她赐予自己食物。

她再次净手后，方坐在蒲团上。

"把宫里赐来的东西请来吧。"

下人应声出去。环顾着四周，面前的佛桌、佛灯、花、香、香炉、衣械、阏伽器、拂子、如意、木鱼、钟、鼓、磬、云板……都是儿子精心为自己准备的，它们无一不让她感觉到无边的暖意。

她心中，渐渐涌起熟悉的感恩之情，对天地的，对人世的，还有对她的男人赵与芮的。她一直记得自己刚刚怀孕的那段时间，作为一个小妾，受尽大夫人的欺凌，但每每，她都忍气吞声，为能吃饱饭，穿暖衣，她生怕自己在什么时候惹怒大夫人，将她驱出府门。在她生命的前段，她已经饱受清贫之苦，所以，即便夜晚偶尔老爷前来，她也不敢让他过夜。而老天对她格外垂怜，她竟然怀孕了。这消息对于一直没有开怀的大夫人来说，是一个重大的打击，定喜从府内的人口中得知，夫人跟老爷哭闹，摔东西，不依不饶。定喜躲在房间里，也不敢出去，连吃饭都跟下人们凑在一起。

那天是个下雨的秋日，她的生日将近。她嫁过来后，老爷只给她过过一个生日，但今年，她心里清楚，因为意外怀孕，估计自己的生日还是会在不知不觉中度过。她心里有烦恼，但又因肚子里突然多了条生命而欣喜。

当老爷听说她怀孕，一下子蹦得老高，那种狂喜她从未见过。她希望这个孩子能够出生，但同时又有隐隐的担心。

门被轻轻推开，赵夫人罕见地笑吟吟地出现。

她慌忙站起来，对着赵夫人施万福礼。

那赵夫人居高临下地说："定喜，我让医生给你开了保胎药，来，喝下它。"

她这才看到对方手中，竟然端了一碗药。

她惊恐地看着夫人，内心明白，这碗药，是要肚里孩子的命的。

她不觉潸然泪下，为短命的孩子生出万般心酸。

"怎么，还要我喂你不成？来，喝下！"

威严的声音中，带着不可忤逆的命令。

她怎么能不喝呢，即便是毒药，即便是夫人要她死。她接过碗，默默地对肚里的孩子说抱歉。

上天是长眼的吧，在之后的两天后，满脸抓痕的老爷来看她时，一切并未如想象那般悲伤，她的身体未有任何不适，肚里的孩子，竟然无比强大地存活下来。

想到这里，她脸上露出几分苍老而宽慰的笑容。

她面前，是刚从皇宫里送来的佛器和佛具。

一个奁式炉，腹部上下各有一道弦纹，四面印有四尊佛像，底部为三兽蹄足。内外通施满青釉，冰裂纹理清晰，看起来端庄典雅。里面放着两个香佩，一个金属镂空的香球，锦布包着几方沉香香饼。

另有一只狮纽瓷盖炉，方唇，平沿，束颈，鼓腹，肩上贴有双耳，平底，兽足，狮纽盖。小狮子抱着绣球，口大张，仿若欢快嬉戏，纽两边有对称小孔，通体粉青釉，口沿光滑，黑铁线纹，造型大方，比例适度。

一只莲瓣纹香炉，敞口，束颈，深腹微鼓，腹部饰有莲瓣纹，下承高足，制成二层台造型，足内中空，高足与炉腹连接处，饰一圈覆莲瓣纹，胎体轻薄，器身通体油灰青釉。这件香球让人爱不释手。隆国夫人摩挲良久，方依依不舍放下。

又一件器物吸引了她的目光，这是个花口圈足的圆盘，内底上贴着蘑菇形圆柱，中有一孔用以插香。青釉肥厚，温润如玉，裂纹匀称。

几只青釉花口盘，起伏的花口，浅腹，挖足过肩，足底平切，釉色莹润，通身开冰裂纹，足底呈铁锈色。几只高足葵口碗，碗口六瓣葵花，敞口，腹部略有弧度、小圈足，釉色青绿莹润，质地古朴厚重。

真是有心的孩子啊！隆国夫人不禁感慨万分。

她昐咐，将新下摘的柑橘、佛手等用青釉花口盘供起来，又在一只葵口碗中盛满清水，在青釉花口香插里燃香。一切准备完毕，青灯下，她一手拿着木鱼，一手拿着念珠，开始虔诚而冗长的念经时间。

这是一段不短的时间，一直要念到子夜时分，她才会睡下。

在生命后期，她越来越喜欢在寺庙里的时间，从刚开始隔段时间来住一夜，到后来就不再回去。永福寺成了她最喜欢的居住地。而她的庵堂内，来自皇帝的赠予也越来越频繁，越来越多。她从不拒绝，也不问对错，她只是享受着这段青灯下孤独而充足的人生而已。

她死在秋天，跟出生时相同的季节。在她生命的最后时辰，青灯燃尽，皇帝赵禥竭力尽孝，将她的墓地建在超然台，环伺其身的是官窑专门为她烧制的各色精美绝伦的瓶罐壶盏、杯盘碗碟……陪伴她漫长的另世时光。方死方生，死死生生，她的气息和肉身，遗憾和满足，屈辱和荣光，到底都要在永福寺的晨钟暮鼓声中，渐渐消失掉。

通灵大宝

咸淳十年（1274），八月，临安皇宫。皇帝宝座上，一个四岁幼童正在仰天号哭，他面前矮几上的瓷盏里，放着蜜饯、果脯、核桃等果品，旁边还放着玩具傀儡、小陀螺、红色佛塔、棋盒等，但小孩并不被眼前这些吃食和玩具所吸引，依旧在号哭之中，泪水和鼻涕糊满了他细嫩的粉脸。身边的宫女，手拿着锦巾，试图替他擦拭，但总是被他用力地挡了回去。他面前，跪着的满朝群臣，都无奈忧心地窥视着他。他就是刚刚即位的小皇帝赵㬎。他身后的珠帘里，皇祖母谢道清也无奈地等待他的哭号声停歇。有一瞬间，他似乎哭累了，静静地抽泣了一会，可是当他看清跪在自己面前的众人时，又吓得号哭起来。

谢太后招手，随身侍从便走过来，她附在他耳边说："到内库里找找，看有没有什么好玩的玩意，能转移他的注意力，不要再哭闹。"

来人领命退去。

在赵㬎的哭号声中，垂帘的谢太后不得不令各官退朝。号哭声在大殿里回荡，仿佛有满殿的幼儿都在哭，群臣根本听不见太后的旨意。

一色千年 **HANG ZHOU**

郊坛下遗址出土的觚

下次上朝，赵㬎刚被抱到皇位上，他就开始挣扎、哭叫。旁边的宫人从锦盒里拿出一个玩意，递到他手里。那是一个紫色的瓷球，上面浮雕一枝黄色曼陀罗，盛开的花朵中央，蕊心点点，一只金色蝴蝶正翩翩欲飞。他在手里将球滚来滚去，见没有任何变化时，嘴角一咧，哭号就要从口腔里跑出来。宫人跪下去，附在他耳边悄悄说些什么。他将眼睛放到瓷球的小孔上，一个绚烂而热闹的世界呈现在他眼里。他看到右侧有字，便问宫人："什么字啊？"宫人低声答："回官家，上面雕的是'通灵大宝'四个字。"

他忘了身后的太皇太后，忘了阴沉沉的大殿上，那些黑压压的朝臣，笑嘻嘻继续盯着里面的黑点。刚开始，那黑点并没有变化，当宫人悄声提醒他，微微转动瓷球时，他看见黑点之中，瞬间出现无数或站或走的人物，他们穿着颜色鲜艳的衣衫，在那里抬头或者低首。他们身边，有花，有草，有树，有河流，有高山，还有宫殿，一些鸟立在树上，一些蝴蝶在花间，一些小狗在草地，一些游鱼在水里……看得久了，里面的人和动物姿态万千，移动自如，仿佛正在上演一场大戏，又仿佛是从临安御街走进瓷球的风景。突然，瓷器中间出现了一根擎天立柱，那柱子的力量显然特别巨大，瞬间就将所有人分隔开来。但不久，随着柱体转动，那些分散的人再次汇合，交错，重叠，一时人跟人，风景跟风景，河流和高山，天空和云朵，层层叠叠，挤挤攘攘，变幻莫测，仿佛被丢进了汪洋之间，一望无边。

通灵大宝成为他最喜欢的玩具，除去吃饭睡觉，他的目光时刻被通灵大宝的小孔吸引。在那里，每日都会呈现出不同的场景和人物，那里的人，会变脸，那里的河流，会改道。那里，是一个他所向往迷醉的世界。朝堂上，垂帘的谢太后和大臣之间，有过怎样的争论，怎样的对策，怎样的彷徨和害怕，于年幼的他来说，全然不知，也无关紧要。

这个来自高宗朝的瓷球，是当年修内司内窑烧制的宫廷玩具。宋高宗赵构肯定从未料到，一百多年后，这个只限于后宫消遣的玩物，竟然公然出现在朝堂之上，而玩它的人，并未察觉国之大厦将倾，山河危在旦夕，他只贪恋来自瓷器的信息，那么繁杂而美好，迷人而费解，流连忘返，不知晨昏。

赵㬎在位的不到两年时间中，南宋发生了太多的事，谢道清战战兢兢地在珠帘后面，用泪水和哀求来与朝臣相对，他们幻想贾似道能力挽狂澜，扭转乾坤。于是，贾似道在谢太后的哀求和群臣的激烈要求下，抽调精兵十万，带着妻妾，拉着无数金帛、器甲和给养离开了临安，去往芜湖，横江布防，抵御势不可当的蒙军。两军阵前，贾似道不敢与之正面交战，试图重蹈覆辙与蒙军议和，下令释放俘虏，送荔枝、黄柑等物给对方，希望通过称臣纳币求得和平。但他的如意算盘马上就被对方打破，乃至没有商讨的余地，战鼓擂响，刀剑搏杀，两军交战，宋军大败，捐躯者过半，他们的鲜血染红了江水。

临安皇宫内，无论是大殿还是寝宫，小皇帝痴迷着瓷球里的迷人景色，他看见了有人仓皇逃离阵前，他看见了倒下去的将领，也看见了血红的江水。他咯咯地笑着，身体在笑声中不停地抽动着。

在他的笑声中，贾似道被贬为高州团练使，抄没其家产，迁往循州。十月，蒙古同知枢密院事伯颜带领蒙军分三路，从建康向临安挺进。常州作为交通要道，是临安的门户，蒙军投入二十万军队进行攻略，虽然常州官员奋力抵抗，但长期的军事薄弱，根本就是蚍蜉撼大树，力不可支。在伯颜的威逼利诱下，常州城外的居民被他分派运土，填充护城河，稍有反抗，便就地打死，尸体也成为填充运河的材料，甚至将运土百姓也用作堆砌材料。十一月十八日，蒙军发动总攻，两天后常州城攻破，大军长驱直入，直抵临安……

许多年后，在西藏喇嘛庙里出家的赵㬎，对幼年的很多事情均已记忆模糊，他唯一牢记的是自己姓赵，法号合尊。他在青灯古寺中，潜心刻苦地修行念经，学习藏文，几年之后，在藏佛界崭露头角，成为一个佛界翻译家，翻译了《百法明门论》《因明入正理论》等，在扉页上，他自称"大汉王出家僧人合尊法宝"。之后任过萨迦大寺的住持，四处讲经，潜心研究佛学，成为一代佛学宗师。有次，他在讲学途中，无意看到一本小册子，他才知道，当日在皇宫里，自己沉迷于瓷球美景美幻之时，临安的大门常州城，曾发生过怎样的血案。蒙军第一次进攻常州时，常州人民诈降，放蒙军进城，旋即来了个关门打狗的方法，将入城的蒙军全部歼杀，取得了初次的胜利。而蒙军的第二次攻城，常州军民虽英勇抵抗，但还是全城沦陷，城陷后军民依然浴血奋战，顽强抵抗，青壮男人几乎全部战死，老弱妇孺遭到屠杀，全城数万人无一幸免。

皓月当空，天地无言。他第一次为自己的年幼无知和命途多舛，还有军事的薄弱，乃至故国最终的消亡，落下愧疚而遗憾之泪。那个他一直视为宝物的通灵大宝，后来在他被俘离开江南的途中，渐渐就遗失了。它到底消失在何处，高僧绞尽脑汁也没想起来。只有浓郁得如同化不开的夜色般的忧伤，不断地袭来。他无限感慨，写下了这样一首诗：

寄语林和靖，梅花几度开？
黄金台下客，应是不归来。

消亡或永生

就在赵㬎退位、临安正式划进元朝疆域的那年,有一个金发碧眼的外国人,从威尼斯来到了东方的临安——行在水城。在他眼里,这里的男性容貌清秀,风度翩翩,女性更是优美温婉,他们性情平和,民风恬静闲适,对武器的使用,一无所知。这一切,让他大为惊讶。与其说,这是一个国家的灭亡,倒不如说是一个朝廷的灭亡。与朝廷分崩离析,大批贵族、官员、宫人仓皇逃出皇宫和临安的惊惧相比,临安本地的居民,似乎要镇定得多。这个名叫马可·波罗的外国人,在心里暗自揣测,这些百姓或许是悲伤的,为国家所受到的重创,为国破,为朝廷亡,但也或许他们很清楚对于生命个体来说,生存才是唯一的目的。这些依旧在红尘中忙碌的人,面对马可·波罗陌生而诡异的异国面孔,却面无表情,可是当他说着蹩脚的中国话试图与之交流时,他还是从他们的目光之中捕捉到一丝漫漶的忧虑。

在临安,他流连西湖的美景,沉醉于玉壶园、杨府云洞、小湖等园林的奇花异木。在包家山,他见到了世上最绚烂的桃花。在皇家园林,他被设计巧妙犹如幻境的格局所迷醉。逛遍了所有的酒肆和饭庄,那段时间里,他竟然吃胖了许多。

他当然知道，宋朝拥有天下最好的丝绸，最好的瓷器，最好的金银工艺品、茶、酒、笛、烛……在印度洋海面穿越的那些日夜里，他曾多次幻想，能与一艘载满大宋货物的商船相遇。可惜，漆黑的海面仿佛故意让他不能如愿，在长达数月的航行中，越是靠近目的地，海面越是平静。这是比较奇怪的事，要知道，南宋自建朝以来，海上出口贸易便成为朝廷最重要的一项收入，他们的商品，主要出口高丽国、日本及东南亚地区等。当然，他们的大宗商品多为瓷器，据说，每艘深阔各数十丈的货船上，各种大小瓷器相套，密密匝匝，拥拥挤挤，船上的商人都在各自的货仓里，跟瓷器们勉强挤在一起。

在意大利，他曾听说，大宋国拥有先进的造船技术，同时发明了司南，海上行船得到保障。但即便如此，他们满载货物的商船，还是会在变化莫测的大海之上遇到极端气候，整个商队被浪潮席卷、打翻，沉入海底也是经常发生的事。在他的想象中，当船沉入水中时，那些美丽的瓷器渐渐从绑捆的绳索中挣脱出来，从大箱子里溜出来，徜徉在水底，跟鲸鱼和海豚相遇错肩，最终沉落在珊瑚和礁石之中，真是件令人遗憾的事。

马可·波罗也知道，南宋朝有许多瓷窑，比较有名的有龙泉窑、景德镇窑、吉州窑等民间瓷窑，但最好的窑口，是皇家的官窑。

凤凰山的皇宫已成为一个宽阔的壳子，随着王朝的覆灭，蒙军俘虏了大部分当朝的重要人物。残余的皇室人员不得不放弃锦衣玉食的安稳生活，除去可以携带的心爱珍宝，其余的器物，能碎则碎，能毁则毁，之后开始向南方逃亡。

一场大火在临安拥挤的贫民区悄悄酝酿，这里住着无数来自外乡的贫寒人家。那个夜晚,当他们拖着疲惫的身体酣然入睡时,火盆里的余烬将地板上的衣服悄悄燃起。那是一场无法描述的大火,那火像是被谁赶着似的,从拥挤的民居一直烧到凤凰山上的皇宫。大火吞噬着皇宫的雕梁画柱、琉璃碧瓦,也吞噬着残留的南宋朝廷存在过的痕迹和气息。那火,像是愤怒的灵魂的聚集,也像是复仇者的预谋。整整三天三夜之后,皇宫宫墙倒塌,园林荡然无存,凤凰山上,一片废墟。

这是景炎二年(1277),马可·波罗来临安的第二年。他在《马可·波罗游记》中,写下这样的句子:"前面的大殿仍保持着原来的样式,而后宫都已经毁坏了,仅留下一堆废墟,供人凭吊。围绕果园和花园的墙也同样破败不堪,动物与树木都不复存在了。"

他租了头驴,去往郊坛下官窑,这里亦已满目荒凉:空荡荡的窑场,毁掉的作坊、取料坑、澄泥池……无数零零散散的瓷器碎片,仿佛能看到当日窑工撤离的场景,看见眼泪、仇恨,看见惊惧、委屈,还有无边的恐惧,看见无数锤头落下。耳边隐约响起瓷器碎裂的声音,那声音,似裂帛,似玉碎。景炎三年(1278),郊坛下官窑的天空,依旧那么蔚蓝,白云缭绕,和风习习。无形的时间洪流推动着所有的事物滚滚向前,摧毁了多少人的信心、热爱和梦想啊!

当马可·波罗在窑场巡梭,试图能找到一件完整瓷器的时候,南宋王朝戏剧般重又回到了起点。一百五十年前的际遇再次降临,南宋的小朝廷重新漂浮在逐浪滔天的海面上,辗转泉州、潮州、惠州等地,十岁的皇帝赵昰因不适应海上生活,被飓风惊吓,掉落水中,之后成疾,很快死去。

第七章 青瓷王朝的粉碎

郊坛下遗址出土的花盆

面对即将崩溃的小朝廷，朝会上，左丞相陆秀夫端执手板，慷慨陈词："古人有靠一城一旅复兴的，何况如今还有上万将士，只要老天不绝赵氏，难道不能再造一个国家吗？"

最后一任皇帝，七岁的赵昺，就这样登上了摇摇欲坠的皇位。他瘦小的身体坐到宽大的圈椅中时，立在旁边的陆秀夫早已潸然泪下，眼泪染花了面前皇帝的容颜，染花了海水和天空。但他依旧强忍着，用已经被泪水湿透的衣袖，拭去不断涌出的热泪。

蒙军咄咄逼近，这个朝廷全然失去了体面，到了叫天天不应、叫地地不灵的地步。

厓山，一场声势浩大的海战正式打响。

此时的南宋依旧拥有二十万士兵，但是当朝领兵面对形势，早已心灰意冷，士气不足，自然无抵抗之力。

住在临安的马可·波罗，在其后的一段时间，不停地到郊坛下官窑寻访，每次都失望而归。隔天，再满怀幻想重新寻访，当他终于在龙窑出烟口的碎砖中挖到一件烧坏的青玉盏时，双目之中竟然燃起两团火焰，在空荡荡的郊坛下官窑里，他大叫，狂笑，喜形于色。一阵风吹来，他方发觉这是一件残品，盏口呈五瓣花形，釉色青翠，紫口铁足，有开片纹，在歪歪斜斜的口沿上，有无数磕伤的痕迹。

他不无遗憾地摇摇头，恋恋不舍地从依旧氤氲着炭烟味道的龙窑中走出来，将手中的瓷盏放入口袋。

抬头，但见西南方向有一大片浓如墨汁的乌云，正在缓慢地涌来。

在那片乌云下，南宋朝的小皇帝身穿龙袍，胸挂玉玺，正趴在左丞相陆秀夫的背上。咆哮的海水，凛冽的海风，摧毁了最后的热望，他们满怀悲痛，一起坠入茫茫的大海之中。他们身后，无数官员、妇女、将士，十余万人将随身携带的金银珠宝、瓷器珍品抛入海中，义无反顾，追随君主，纷纷沉海。

那个春天，南宋王朝从此永远沉睡于海底。在那里，他们的灵魂会遇见沉落的货船，遇见那些残破的沉船和美丽的瓷器，遇见一个永远不没落的临安吗？

浓云滚滚，大雨飞落，一个一百五十余岁的朝代落下了帷幕，随它隐遁的，不只有大宋朝廷，还有南宋官窑，以及宋朝的子民。宋时代人们绚烂的精神生活、物质文化、发明创造等等，也成为迷梦一般的信仰和传说，在时间深处，成为浩瀚历史长河中的吉光片羽。

2019年冬天，在杭州南宋官窑博物馆，我终于近距离地靠近了南宋时代宝藏般的官窑瓷器。屏息凝视，轻轻靠近，又静静远离，一遍又一遍从一件件被拼凑还原的瓷器上，见识了传说中的紫口铁足、厚釉胎薄的制瓷工艺，感受到了它们瑰丽端庄的神韵，隐忍优雅的风致，以及坚毅、幽然、静默、恒长的光芒。南宋官窑在承继北宋汴京官窑、汝窑等北方名窑瓷器端庄素朴、釉质浑厚等特点外，又极其巧妙地吸纳了南方越窑、龙泉窑等瓷器薄胎厚釉、釉面莹沏、造型精巧的精髓，其古朴典雅的形制颇得青铜时代遗风，而温润莹沏的色泽则远追玉石文明精髓。它将中国古瓷器推向了巅峰，在世界艺术史上写下了浓墨重彩的一笔。心不唤物，物不至。时间在这里格外无力，似真似幻，似有若无，即便它能让器物的外壳碎裂，碎成齑粉，或者被深埋，被带走，迁往异国他乡……都无法抹杀和更换官窑瓷器本身所携带的来自宋时代浓郁而深邃的迷人气息，无法掩藏烧制官窑瓷器的宋人之智慧、风骨、气节和韵味，更不能改变南宋官窑瓷器所包含和具备的中华古老文明的痕迹。

南宋覆灭近七百年后，一个名叫汤因比的英国人，倾其一生，对世界各民族进行了全方位的研究，撰写了十二册《历史研究》，被誉为近代最伟大的历史学家。在一次接受记者采访时，他极其感慨地说出了许多人的心声："宋朝是最适合人类生活的朝代，如果让我选择，我愿意活在中国的宋朝。"

第七章 青瓷王朝的粉碎

南宋官窑直口瓶　大英博物馆藏

参考文献

1. 〔宋〕叶绍翁：《四朝闻见录》，中华书局，1989年。
2. 杭州南宋官窑博物馆编：《南宋官窑文集》，文物出版社，2004年。
3. 杨欢：《走上神坛的南宋祭器瓷》，《中国收藏》2007年第9期。
4. 邓禾颖、唐俊杰：《南宋官窑》，杭州出版社，2008年。
5. 邓禾颖主编：《南宋官窑》，浙江摄影出版社，2009年。
6. 刘涛：《宋瓷笔记》，生活·读书·新知三联书店，2014年。
7. 吴钩：《宋：现代的拂晓时辰》，广西师范大学出版社，2015年。
8. 张程：《脆弱的繁华——南宋的一百五十年》，群言出版社，2015年。
9. 涂睿明：《纹饰之美——中国纹样的秘密》，江苏凤凰文艺出版社，2019年。
10. 虞云国：《从陈桥到厓山》，九州出版社，2016年。
11. 〔美〕伊沛霞：《宋徽宗》，韩华译，广西师范大学出版社，2018年。
12. 虞云国：《南宋行暮——宋光宗宋宁宗时代》，上海人民出版社，2018年。
13. 祝勇：《故宫的古物之美》，人民文学出版社，2018年。
14. 涂睿明：《捡来的瓷器史》，湖南人民出版社，2018年。
15. 贾冬婷、杨璐编著：《我们为什么爱宋朝：重新发现造极之世》，中信出版社，2018年。

丛书编辑部

艾晓静　包可汗　安蓉泉　李方存　杨　流
杨海燕　肖华燕　吴云倩　何晓原　张美虎
陈　波　陈炯磊　尚佐文　周小忠　胡征宇
姜青青　钱登科　郭泰鸿　陶文杰　潘韶京
（按姓氏笔画排序）

特别鸣谢

杜正贤　王福群　王光斌（系列专家组）
魏皓奔　赵一新　孙玉卿（综合专家组）
夏　烈　郭　梅（文艺评论家审读组）

供图单位和图片作者

杭州南宋官窑博物馆
王　旭　姜青青　泰　茗（按姓氏笔画排序）